Gneomar Ernst Natzmer

George Christoph von Natzmer, Chef der weißen Husaren

Ein Beitrag zur Geschichte der Armee Friedrich II.

Gneomar Ernst Natzmer

George Christoph von Natzmer, Chef der weißen Husaren
Ein Beitrag zur Geschichte der Armee Friedrich II.

ISBN/EAN: 9783743682238

Hergestellt in Europa, USA, Kanada, Australien, Japan

Cover: Foto ©ninafisch / pixelio.de

Weitere Bücher finden Sie auf **www.hansebooks.com**

George Christoph von Natzmer.

George Christoph von Natzmer,

Chef der weißen Husaren.

Ein Beitrag

zur

Geschichte der Armee Friedrich II.

von

Gneomar Ernst von Natzmer,

Hauptmann und Compagnie-Chef im 3. Westfälischen Infanterie-Regiment Nr. 16.

Hannover.

Hahn'sche Hofbuchhandlung.

—

1870.

Hofbuchdruckerei der Gebr. Jänecke in Hannover.

Seiner Königlichen Hoheit

dem Prinzen

Alexander von Preussen

in tiefster Ehrfurcht

gewidmet

vom

Verfasser.

Unter den Bausteinen, die ich zu einer Geschichte meiner Familie gesammelt habe, scheint mir das Lebens-bild des George Christoph von Natzmer schon deshalb ein allgemeineres Interesse zu verdienen, weil Seydlitz unter ihm seine Lehrjahre, so zu sagen, vollendet hat. Dazu kommt, daß es den weißen Husaren — welche man übrigens, um ihrer Uniform willen, mit den dritten, blauen, die umgekehrt, wie die Natzmerschen, weiße Doll-mans und blaue Pelze hatten, oft verwechselt hat — auch sonst an namhaft gewordenen Männern, in dem Decennium, wo Natzmer ihr Chef war, nicht gefehlt hat. Wir feiern die späteren General-Lieutenants P. J. v. Ma-lachowski, v. Lossow, v. Gröling; die General-Majors v. Wartenberg, A. v. Seydlitz, v. Podjurski, v. Hohen-stock; die Obersten H. v. Malachowski, v. Warnery, v. Dingelstedt, welche dem Regimente zu jener Zeit an-gehörten, als mehr oder weniger berühmte Husarenchefs. Warnery hat als Schriftsteller, v. Schütz, der unter Natzmer die Husaren commandirte, als Parteigänger einen europäischen Ruf erworben, anderer Offiziere des

Regiments nicht zu gedenken, die, wie v. Zedmar, nur zu früh auf dem Felde der Ehre geblieben oder gleich dem späteren Titular-General v. Bayar mit dem „Orden" für ihr Verdienst geschmückt sind, ohne es gerade zum Chef zu bringen.

Leider gaben die Archive nicht immer die erwünschte Ausbeute, aber, was sie geboten haben, hat genügt, mich in die Verhältnisse zu versetzen, unter welchen Friedrich II. seine Reiterei regenerirte.

Die Studien, welche von mir, in dieser Beziehung als einem Laien, gemacht sind, habe ich in dem Leben meines Helden niedergelegt, dessen Regiment sich auch nachmals so ausgezeichnet hat, daß es, mit nur wenigen anderen der Ehre gewürdigt ist, in seinem Chef v. Putkammer, der es im 7jährigen Kriege führte, auf des großen Königs Denkmal verzeichnet zu werden, wo von seinen ehemaligen Offizieren Seydlitz und Wartenberg in Person stehen.

Hannover, den 23. Juni 1870.

I.

Bis zum Breslauer Frieden.

Friedrich der Große sagt in der Geschichte seiner Zeit: Friedrich und die leichte Reiterei. „Dieses Jahrhundert hat die leicht bewaffneten Truppen wieder aufleben sehen: die Panduren . . . die Freibataillone . . . und die Husaren, welche (letztere) ursprünglich aus Ungarn kommen, aber bei allen anderen Truppen nachgeahmt worden und die Stelle jener zu den Zeiten der Römer so berühmten Reuterei der Numidier und Parther ersetzen."

Genau genommen wurden die ersten Husaren als eine Miliz Die ersten Husaren. zu Pferde von den Croaten gestellt, nach welchen sie auch bis zum 17. Jahrhundert benannt sind, wo der Ungarische Adel anfing, sie unter ihrem jetzigen Namen zu halten. Mit Ungarn kamen die Husaren an Oesterreich, im schmalkaldischen Kriege nach Deutschland.

Mit langen und leichten Lanzen bewaffnet dienten sie dem Kaiser als irregulaire Reiterei. Sie hatten kleine vortreffliche Pferde. Streifereien, Lagerallarmirungen, einen fliehenden Feind zu verfolgen, seine Convois zu überfallen, wenn auch nur ihm die Bagage zu nehmen, war ihr Element. Am Tage der Schlacht suchten sie die feindlichen Flanken zu umgehen. Wir müssen uns eine Art Kosacken unter ihnen vorstellen.

1

Daß die eigene Cavallerie mit dieser Reiterei zu concurriren habe, kam bei Lebzeiten Friedrich Wilhelm I. in Preußen nur wenigen in den Sinn. Es kann dies auch kaum Wunder nehmen, wenn man das freilich harte Urtheil Friedrich II. beachtet: „die Reiterei, wie ich sie vorgefunden, das schwerfälligste und geist=loseste Corps der Europäischen Heere glaubte, ich lieferte sie auf die Schlachtbank, wenn ich nur ein kleines Detachement aus=schickte, um sie zum Kriege zu gewöhnen".

„Ihr mir doch selbst eingestehen müsset, daß ein Teutscher Kerl sich nicht so gut zum Husaren schicket, wie ein Ungar oder Pole" lauten die eigenen Worte Friedrich Wilhelm I., welcher 1721 sich Husaren, die ersten in Preußen, nur aus Polnischen Wallachen errichtete, deren er 6 Schwadronen, die sogenannten „Preußischen" und 3 Schwadronen „Leib"=Husaren, im Volks=munde „die Berlinischen" genannt, bei seinem Tode hinterließ.

Da ihre Vorbilder, die ungarischen, ohne an ihrem Ruhme verloren zu haben, die Lanze mit dem Säbel vertauscht hatten, führten auch die preußischen Husaren nur diesen. „Sie wissen mit dem Säbel vortrefflich zu fechten," sagte nun der Chronist von den ungarischen Husaren. „Sie haben Pferde, die die größten Strapatzen ausstehen und wenn man meint, sie stünden 10 Meilen entfernt, sind sie einem schon auf dem Halse."

Friedrich Wilhelm interessirte sich, wie es scheint, seit dem berühmten Lustlager von Mühlberg auch für eine anderweitige Vermehrung seines Husaren=Corps.

Wir wissen, daß er am 31. Mai 1730, als er sich zu Pferde ins Sächsische Hauptquartier begab, ein ihm zu Ehren am Wege aufgestelltes, mit Lanzen bewaffnetes Corps „Wallo=schen" zu bewundern hatte, eine national bewaffnete, tartarische Truppe des Polnischen Heeres — die Ulanen!

Freilich hatte der ausgedehntere Gebrauch der Feuerwaffen die Pike verdrängt. Zu Ludwig XIV. Zeiten führten nur noch

Die ersten preußischen Husaren.

Die Sächsisch-Polnischen Ulanen.

Slavische und Tartarische Völker, deren Körpergewandtheit und Geschicklichkeit in der Handhabung sie besonders dazu befähigte, die Lanze als Nationalwaffe.

Aber schon Montecuculi hatte der Pike wieder das Wort geredet. Auch Friedrich Wilhelm I. Zeitgenossen, der Marschall von Sachsen und sein Vertrauter Folard, waren für Bewaffnung der Reiterei entschieden auf Seiten der Lanze.

Die Polnischen Ulanen hatten Reuter „Tawarschütz", die mit der Pike mit Banderole, Säbel, Pistolen bewaffnet, im ersten Gliede kämpften und „Podstowy", welche Husarenwaffen führten. Wie anderwärts, seitdem die Feuergewehre im Gebrauch waren, hatte man die Pikenträger mit Carabiniers vermischt, um beider Vorzüge mit einander zu verbinden.

Hiernach war der Bescheid, welchen Friedrich Wilhelm I. einem Polnischen Rittmeister der Tartarischen Colonie in Lithauen, welcher den Wunsch zu erkennen gab, mit 300 seiner Leute sich in Preußen niederzulassen, „er wolle sie, soweit sie brauchbar beim Husaren-Corps emplohiren" zeitgemäß. *Die ersten Ulanenpläne in Preußen.*

Es verstummen aber die Nachrichten über unsere Ulanen bis 1738, wo dem Könige ein neues Project für sie vom Prinzen Eugen von Anhalt vorgelegt wurde.

Die Towarczy's, welche schon der große Churfürst 1675 in Diensten hatte und 76 entließ „weil S. M. in Polen als auch verschiedene Magnater allerhand ombrago wegen der 2 Polnischen Compagnien bezeuget, wie sich denn auch Frankreich und Schweden darauf beziehen und gleichergestalt einige Werbung prätendirten" stehen hier, zumal wir fast nichts mehr von ihnen wissen, außer Vergleich.

Der Prinz Eugen war der vierte unter den fünf Söhnen des großen Dessauer, welcher, dem Horatier ähnlich, alle seine Söhne „vor den Staat" fechten sah und darüber in Entzückung ausrief: „Ich bin ein glücklicher Vater!" *Die Prinzen Eugen und Gustav von Anhalt u. ihre Cürassiere.*

Der Prinz führte seit 35 die Husaren in Preußen mit einer gewissen Passion: kaum 30 Jahre alt, ein gewaltiger Nimrod, der auf den Parforcejagden in Lithauen gelegentlich einen Bären mit der Pistole erlegte! Seine Thätigkeit in Preußen war dazu angethan, die Lust an den Ulanen aufleben zu lassen, welche er, mit dem Vater und Bruder Gustav im Gefolge des Königs, schon im Lager von Mühlberg bewundern mochte. Aber sein Project wurde vom Könige 10. Juni mit den Worten abschläglich beschieden: „Es hat keine Eile" und „ich finde die proposition nicht acceptable"; freilich um wenige Wochen später, wenn auch in veränderter Form, wieder aufgenommen zu werden.

Man hatte sich inzwischen für ein abgesondertes Corps Lanzenreiter entschieden. Die Persönlichkeiten, es zu formiren, wurden, wohl nicht ohne die Mitwirkung des Feldmarschall von Natzmer, der, soweit seine 84 Jahre es ihm erlauben wollten, noch immer der gute Geist der damaligen Reiterei war, aus den Offizieren entnommen, für welche sich das Haus Anhalt interessirte.

. Der Prinz Eugen war bei den 6 Cürassieren „mit den hellziegelrothen Aufschlägen auf dem weißen Collet" eingetreten, welche, für das fürstliche Haus in Dessau sehr bequem, in und um Aschersleben garnisonirten. Hier war Eugen, kaum 12 Jahre alt, Rittmeister geworden: „die Dessauer machten Carriere." — Freilich beschwerte sich schon der Graf Lottum heftig, aber fruchtlos, als der Fürst Leopold zum Generalfeldmarschall ihm im Avancement vorgezogen wurde. Uebrigens gönnte man dem kräftigen Fürstengeschlechte die Ausnahme von der Anciennetät, wie schon die Zeilen beweisen, welche der Feldmarschall v. Natzmer, der nicht leicht sagte, was ihm nicht von Herzen kam, als Oberst der Gensdarmes, wegen des Erbprinzen Gustav an den König richtete: „da auch J. D. des Fürsten von Anhalt kleiner Prinz — dieser war noch nicht 8 Jahr alt — vor etlichen Jahren

als Cornet bei den Gensd. gesetzt u. demselben bis dato die
anderen Offz's allzeit sind vorgezogen worden: so habe zugleich
alleru. anfragen wollen, ob nicht E. K. M. allerg. gefällig, daß
bei jetziger Gelegenheit gedacht. Prinzen der Titul von Rittm.
gegeben würde, indem es gleichviel, da ders. kein Traktement
zieht und J. D. b. Fürst doch solches zu einer sonderlichen
Freude gereichen würde."

Dieser Prinz erhielt 16 Jahre alt, als Oberstlieutenant,
die 6. Cürassiere. Nach seinem Ableben, 1737, bekam sie der
Prinz Eugen, neben den Husaren. Man brauchte sich der Cürassiere schon nach dem Zeugniß des Oestr. Feldmarschall Grafen
Seckendorf nicht zu schämen, der nach einer Specialrevue, welcher
er im Gefolge des Königs im Juni 1725 über Gustav zu
Pferde und andere Regimenter im Magdeburgischen beiwohnte,
dem ältern Prinzen Eugen schreiben konnte „bei der Mannschaft,
Pferden, Gewehr ist sicherlich, dem äußerlichen Ansehen nach,
nichts auszusetzen und da ich etliche Jahre die Regimenter, so
um Berlin herumliegen, gesehen, so muß ich sagen, daß die ob-
gemeldeten ebenso gut und noch besser." Abgesehen von den
Gensdarmens wird kaum ein anderes Cavallerie-Regiment Friedrich Wilhelm I. unter seinen Offizieren eine gleich große Zahl
von Männern aufweisen können, welche wir wie diese berufen
finden, der Reiterei zu bieten, was ihr noch fehlte. Ich nenne
nur den nachmaligen General-Feldmarschall und Ritter des
schwarzen Adlerordens, Grafen Geßler, den schweigsamen Helden
von Hohenfriedberg; v. Posadowsky, auch Ritter vom schwarzen
Adler und pour le mérite, Generallieutenant und Graf, berühmt, seit er bei Molwitz die Ehre der Reiterei auf unserem
linken Flügel wahrte und Hans Caspar v. Krockow, später
Generalmajor, Cürassier-Chef und mit Decorationen begnadigt,
ein Held des siebenjährigen Krieges.

Der Prinz Eugen, Mackerodt und Gröling, dieser der

Sohn eines gemeinen Reuters, welcher als solcher 31 Jahre im
Regimente diente, sind Chefs von Husaren-Regimentern geworden.
Sie gehören zu den Vätern unserer leichten Reiterei. Und
hierzu darf ich auch einen Natzmer zählen.

Die Familie des George Christoph v. Natzmer. George Christoph v. Natzmer wurde, wahrscheinlich
94 in Pommern als ältester unter 5 Brüdern geboren. Seine
Mutter war eine v. Pirch aus dem Hause Chotzlow; sein Vater
Nicolaus Heinrich und dessen Brüder Oldwig Jochim und
Peter Friedrich v. Natzmer waren Militärs. Von Oldwig wissen
wir freilich nur, daß er schon 89 „von der Armee zurückkehrte“.
Peter war Grand. Mousq. und starb zu Landau, als Oberster
unter den Reichstruppen. Auch Nicolaus Heinrich scheint anfangs
bei den Grand. Mousq. gestanden zu haben. Als George Christoph geboren wurde, war er etwa 30 Jahre alt, Lieutenant
bei den 2. Cürassieren, Kurprinz zu Pferde, zu Kyritz in der
Priegnitz, die man nach ihren in der Farbe abweichenden Collets
„die gelben“ nannte. Sie hatten carmoisinrothe Abzeichen.

George Christoph im Felde und als Cürassier. Das Regiment hat als Kronprinzliches in den Niederlanden
mit Auszeichnung gedient. George Christoph wird den Vater
dorthin begleitet haben; wir finden ihn in der Schlacht bei
Malplaquet im Gefolge des späteren Feldmarschall v. Natzmer.
Kaum 17jährig wich er dem heldenmüthigen Namensverwandten,
der die alliirte Cavallerie befehligte, nicht von der Seite. Er
erfaßte auch das Kriegerische dieser blutigsten Schlacht des Jahr-
hunderts mit Lebendigkeit; denn er machte noch am Abende seines
Lebens werthvolle Mittheilungen über das, was er damals erfahren. 1710 trat er ins 6. Cürassier-Regiment, damals du
Portail, dessen Chef es 1716 dem Erbprinzen W. Gustav ab-
trat. Hier wurde G. Ch. 12 Cornet, 18 Lieutenant, 19 Rittmeister. Mit ihm diente im Regiment ein Vetter aus dem
Hause Pretzsch in Sachsen, Wolf Heinrich Ernst, seit 19 als
Lieutenant.

Schon ventilirte man die Frage, ob man nicht zu große Pferde habe? Seckendorf konnte in dem Schreiben an den Prinzen Eugen die Bemerkung nicht unterdrücken „Allein, ob die entsetzlich großen Pferde, die theils bis 19 Hand hoch sind, bei schweren Campagnen und Fatiguen es souteniren, zweifle ich sehr." — Wir wissen, der König liebte die Kolosse, aber er zeigte sich auch bereit, sie zu opfern, wenn man ihn überzeugte, daß sie die Schlagfertigkeit schädigten. Als er 1727 mit Gustav zu Pferde den Anfang machte, den Regimentern, zu einer neuen Organisation ihres Haushaltes ein Montirungs= und Verpflegungs=Reglement zu geben, „dem nachzuleben dem Prinzen als Chef alles Ernstes" anbefohlen wurde, setzte er dessen bisheriges Pferdemaß herunter „die Pferde in dem 1. Gliede von der Größe wie die jetzigen im 3., die im 3. von der jetzigen im 2. und die im 2. etwas kleiner wie die kleinsten Pferde anjetzo sind, sein sollen." Man erwartete, daß man diese für 70—80 Thaler werde beziehen können, indem der König zufrieden sein wollte „wenn sie nur gut aus dem Halse gewachsen, gut von Beinen und tüchtig, marches und fatigues zu thun." —

Die Pferde kamen damals meist über Celle aus Hannover, Holstein, Jütland. 1717 waren zu Halberstadt jährlich 3 Pferdemärkte eingeführt; der König wollte die Armee im Inlande remontiren. Als bald die Frequenz nachließ, proponirte der damalige Commandeur von Prinz Gustav, Obrist du Vigneul, in Gemeinschaft mit dem Halberstädter Commissariat, fast alle Regimenter Cavallerie möchten angewiesen werden, auf den dortigen Märkten ihre Remonten zu kaufen. Aber „wohl durch das Zusammendrängen der Kauf=Concurrenz zu vieler Regimenter auf einen Punkt schliefen diese Märkte ein, die Regimenter wurden zum Ankauf ihrer Remonten wieder ins Ausland verwiesen." —

George Christoph's Familie.

Unser Regiment lag compagnienweise zerstreut in Croppenstedt, Oschersleben, Lochstedt, Ermsleben, Osterwick, Hornburg, Schwanebeck, Gröningen, der Stab in Aschersleben. George Christoph verheirathete sich 1731 mit einer Tochter des Kriegsrath v. Diederich, einer verwitweten v. Wallmoden, deren Mann Captain im Braunschweigischen gewesen war. 31. Aug. 32 wurde dem jungen Paare zu Oschersleben ein Sohn geboren, der nach seinen Pathen Nicolaus, Gustav, Friedrich, Leopold genannt wurde. Der König, der Fürst von Anhalt, der Erbprinz Chef hatten die Gnade, Pathenstellen zu übernehmen. Als 21. Aug. 36 ein zweiter Sohn Friedrich Heinrich Carl getauft wurde, waren die Pathen der Kronprinz, der Markgraf Heinrich und der Obrist v. Posadowsky.

G. Ch. wird 4 Cürassier.

Noch vor der Geburt seines Erbprinzen war Natzmer Major geworden. 14. Aug. 36 wurde er, unter Ernennung zum Oberstlieutenant, ins Cürassier-Regiment 4 versetzt, dessen Chef Geßler, eine Reihe von Jahren im Anhaltischen Regimente mit ihm zusammengestanden hatte. Die 4. Cürassiere standen in Preußen und hatten schwarze Abzeichen. Es waren die alten Leibbragoner, unter denen der Feldmarschall Natzmer seine ersten Lorbeeren pflücken durfte, jetzt stand sein zweiter Sohn als Rittmeister im Regiment. Als Ende 37 ein Quartierwechsel vorgenommen wurde, kam George Christoph mit dem Stabe und seiner Compagnie nach Mohrungen, während der Rittmeister Natzmer Neybenburg als Garnison erhielt, übrigens noch in demselben Jahre zur Kaiserlichen Armee nach Ungarn ging, wo er vor Belgrad fiel.

Die ersten Ulanenanfänge in Preußen.

Wenige Wochen nach jenem 10. Juni 38, wo des Prinzen Eugen Ulanen-Projecte verworfen wurden, erging der Befehl „ein unter Cornet Thbäus an der Polnischen Gränze stehendes Werbe-Commando zu verstärken und anzuweisen, dem Oberstlieutenant G. Ch. v. Natzmer alles abzuliefern. Natzmer sollte unter den Auspicien seiner Vorgesetzten, der Generale Geßler und Katte, durch Anwerbung von 5 Eskadronen Ulanen die leichte Reiterei verstärken. Wohl im Zusammenhange hiermit verlieh der König im November dem George Christoph die An= wartschaft auf die Amtshauptmannschaft Fischhausen, die der greise General Kosel besaß.

1739 wurde ein Lieutenant v. Natzmer einer Werbecala= mität wegen in Warschau im „Cachot" gehalten, Wolf Christian Heinrich, der im Interesse der neuen Ulanen für seinen Bruder George Christoph, mit dem er bei den 6. Cürassieren zusammen= gestanden, thätig gewesen zu sein scheint. Solche Gefangenschaft war damals gefährlich.

In Sachsen war ein Captain v. Natzmer, der als Preuß. Werbeoffizier festgesetzt war, zum Tode verurtheilt. Friedrich Wilhelm bewirkte seine Rettung nur dadurch, daß er dem Säch= sischen Gesandten Suhm erklären ließ, er werde ihn hängen lassen, wenn jenes Urtheil vollzogen werde. Unser Lieutenant zog vor, nicht auf die Sentenz des Großgerichts zu warten. Er wußte unter Mitwirkung eines Lieut. v. Kantreczyski, welchen der Prinz Eugen, gelegentlich seiner Anwesenheit in Preußen, ihm zur Hülfe geschickt hatte, in ein Kloster und über Thorn und Danzig zum Regiment zu entkommen.

Mit König Friedrich II. kam ein neuer Geist in die Armee, der, den Krieg vor Augen, praktisch gerichtet war, wobei man den Mangel an leichter Reiterei schwer empfand. Noch am 12. März 41 schreibt der König „die Partien von Husaren bin ich außer Stande zu verhindern, weil der Feind des Volks mehr hat, wie ich." Die Ulanen rechnete dabei der König zu den Husaren. Er sagt ausdrücklich von ihnen „da ich nöthig finde, das Corps Husaren bei meiner Armee noch zu verstärken . . . habe ich bereits Oberstlieutenant v. Natzmer anbefohlen, solche Leute anzuwerben."

(Randbemerkung: Friedrichs Sorge um leichte Reiterei.)

„Noch nahmen alle Fürsten kaum andere, als ungarische Deserteurs zu solchen Corps; nachher, aus Mangel mischte man Teutsche und Polen darunter." Auch Friedrich erwartete den Aufschwung seiner leichten Reiterei damals noch von fremden Nationalitäten. Nur bei den Husarenoffizieren mit ki, hazy, zi setzte auch er vollste Kenntniß des leichten Dienstes voraus.

„Ihr sollt Euch Mühe geben, ob Ihr nicht durch die Zablunka eine Anzahl Leute aus Ungarn zu Husaren engagiren könnt" schreibt er an Schwerin und man sieht nur, daß er mit allen Mitteln arbeitete, seine Reiterei zu lanciren, wenn er in demselben Briefe schreibt: „Wofern östreichische Husaren gefangen werden, muß man solche unsern Leuten weisen, damit diese sich keine größere Idee von ihnen machen, als wie sie es in der That verdienen und unsere Leute sehen, daß es schlecht Zeug ist."

Wie die Ungarn für geborene Husaren galten die Polnischen Tartaren für geborene Ulanen. Eine Proclamation, welche der General Goltz 20 Jahre später an die Polen erließ, zeigt uns, wie man diese Art Leute damals lockte in unsere Dienste zu treten:

„Nachdem S. M. entschlossen sind, das Corps der Pr. Ulanen zu verstärken . . so habe ich zu der edlen Poln. Nation die Zuversicht und lade sie hierdurch ein, sich unter dieses sich allemahl distinguirende und brave Corps zu engagiren — Ich habe zu der alten Tapferkeit der Herrn Polen und anderer Nations, so unter der Botmäßigkeit der durchlauchten Republik stehen, das feste Vertrauen, daß sich viele zu diesem vortheilh. Dienst einfinden und zu Breslau oder Glogau zu melden belieben werden; wozu ich Sie hiemit einlade und versichere, daß alle Beute, so sie gegen den Feind machen, ihnen eigen verbleiben, diese ein gutes Tractement bekommen und nach Stand, Würden und Tapferkeit alles Avanc. zu gewarten haben."

Auch die Natzmer'schen Ulanen sollten jetzt, wie früher, in Polen geworben werden, wo man, wie für die ersten Preußischen Husaren nach Wallachen suchte, worunter man die Tartaren der Sächsischen Ulanen verstanden haben wird. Es wurden deshalb auch unsere Ulanen Wallachen genannt.

Mit der Werbung finden wir George Christoph in Soldau beschäftigt, wo damals der Stab seiner schwarzen Cürassiere lag. Es war dies hierfür ein wegen der Polnischen Nachbarschaft bequem gelegener Ort, weshalb noch ein Menschenalter später der Oberstlieutenant von Schill, Vater des berühmten Major Ferdinand, hier thätig war, ein Corps Tartaren zu werben, freilich ohne damit zu Stande zu kommen.

Die Polen sollen äußerlich etwas verwildert angekommen sein. Man sagt dies namentlich von den Lithauern, aber es waren ihnen auch militärische Tugenden eigen. Meist in der Leibeigenschaft aufgewachsen waren sie gehorsam, bis zum Kriechen unterwürfig, mäßig, gutmüthig. Eine unbedeutende Wohlthat konnte sie bezaubern. Vor allem hatten sie einen Stolz auf gewisse unbedeutende Vorzüge, der militärisch gerichtet, für diesen Stand seine Früchte tragen mußte. Von ihrem Schmutz gesäubert, mit reiner Wäsche an Stelle des Sackes versehen, der ihr Hemde war, die Haare verschnitten, in Uniform, die Sporen an den Halbstiefeln, fühlten sie sich!" Die Eitelkeit wurde ein Hebel, sie zu leiten.

Die Tartaren im Besonderen waren schöne Männer mit Gesichtern, welche das Gepräge ihres Stammes zeigten. Sie waren zum Kriege geboren, brave Leute, vortreffliche Reiter.

. Bald hatte man 400 solcher Polen in der Front und war im Januar 41 die prima plana auf 1 Oberstlieutenant, 1 Major, 5 Rittmeister, 5 Premier-Lieutenants, 6 Cornets in Ansatz gebracht. Aber die Werbung um Soldau konnte den Ansprüchen nicht genügen, welche Friedrich stellen mußte. Sie wurde ausgedehnt. Wir wissen, daß auch in Danzig und Landsberg a. b. Warthe geworben wurde, indem der König bald jede Eskadron 150 Mann stark haben wollte.

Wie Soldau spielte Landsberg für den Ersatz dieser Art Völker auch sonst eine Rolle. Schon der große Kurfürst ließ die Towarcžy's hier sammeln und entlassen: für den Nachschub einer im Felde stehenden Armee war der Ort günstig belegen. Die Natzmer= schen Pikenreiter, wie man sie nannte, haben den Monat März in dem Städtchen zugebracht, wohin sie, im Anschluß an die schwarzen Cürassiere im Februar marschirt sein werden, wobei der General Geßler zum letzten Male sein Patronatsrecht ausübte.

9. März schrieb der König seinem alter ego, dem Fürsten Dessau „da meine jetzige Abwesenheit nicht zuläßt, solch Esq. selbst zu formiren, so habe Ich E. L. ersuchen wollen, sich davon zu chargiren und die bereits vorhandenen Leute in Esq. zu vertheilen". Wiederum findet man den Markgrafen Friedrich beschäftigt, zunächst 3 Eskadrons zu 133 Pferden zu formiren und der König befahl auch „wegen der Werbung der übrigen noch fehlenden das nöthige zu besorgen".

Man gewann polnische Edelleute, Danziger Kaufleute und andere „verschmitzte Köpfe", auch wohl berittene Leute: alle kamen freiwillig, die meisten ohne Handgeld, schon der vorige König hatte einmal den Prinzen Eugen beschieden „habe nie Geld zu Husaren gegeben, solche Leute kann man umsonst haben".

Mit Friedrichs Erfolgen in Schlesien lebte eine gewisse Begeisterung für die Aufgaben des jungen Preußens auf. Schon eilte man zu den Preuß. Fahnen, auch ohne daß des Königs Ruf einen in fremden Diensten persönlich traf.

In Jena, erzählt ein Zeitgenosse, „vergötterten die Stu= denten den jungen König, sie brachten ihm vivats und feierten, ihn zu ehren, commerce . . . Man malte sich die Zukunft in den rosigsten Bildern."

.. Natzmer muß nach den Blanco-Patenten zu urtheilen, welche man ihm 22. Januar zuschickte, eine gewisse Freiheit gehabt haben, seine Offiziere zu placiren. Diese waren bald vollzählig. Hatte man die Absicht gehabt, das Regiment aus lauter Polen zu formiren, so waren es die Offiziere zur Hälfte wirklich. Andere hatten sonst in der Fremde den Dienst der leichten Reiterei kennen gelernt. Zu unsern ersten Ulanenoffi- zieren gehörte der Major Hartwig Carl v. Wartenberg, ein junger stattlicher Mann von nur 30 Jahren, der ein geborener Preuße, in Russischen Diensten, während 10 Jahre, ununter- brochen gegen Polen, Tartaren, Türken im Felde gestanden hatte. Von ihm konnte man das Wesen der Kosacken erfahren, zumal Wartenberg, ein Mann von Bildung und Verstand, wohl das Zeug hatte, den Kern des Dienstes, welcher für jeden leichten Reiter taugte, von der Schale zu scheiden. Er selbst liebte es noch später, wo man ihn der Armee als das Muster eines Husarengenerals vorstellte, zu erklären, daß er den Husarendienst unter den Russen gelernt habe. Man muß aber seine Erfah- rungen dem Natzmerschen Regiment für entbehrlich gehalten haben, da man ihn schon 2. März als Oberstlieutenant zu den Husaren 3 von Bandemer versetzte. Natzmer galt selbst für einen Kenner des leichten Reiterdienstes.

Die Gebrüder v. Malachowski waren geborene Polen, Hyacinth, der ältere, kam aus französischen Diensten, wo er bei des Marschall von Sachsen Regiment gestanden hatte. Da er gleich eine Schwadron unter Natzmer zu führen bekam, überall brav und klug sich zeigte, mochte man bei dem Experimente, welches man in Preußen mit den Pikenreitern machte, nicht über- sehen, was er bei den Franzosen unter dem Marschall gelernt hatte, der in seiner Passion für die Lanze sich Ulanen formirte, auf die er einst stolz war. Paul Joseph kam aus Sächsischen Diensten. Ein Interesse für die Sächsisch-Polnischen Ulanen mag ihn, den mehrjährigen Adjutanten von der Infanterie, zu unsern Pikenreitern geführt haben. Auch er war ein edler Charakter „gleich hochachtbar als Mensch, wie als Offizier".

Es wird ausdrücklich bezeugt, daß auch unter den jungen Offizieren, deren manche in der Hoffnung zu den Ulanen gekommen waren, für ihren leichten Sinn Nahrung zu finden, es nicht an strebsamen gefehlt hat.

Gleich bei der Formation war es um unsere Ulanen anders bestellt, als die Husaren, wo ein eigener Ton damals herrschte, indem es unter diesen nur wenige gebildete Offiziere, aber „grimmige Gesichter und große Knebelbärte" gab.

Uebrigens darf man nicht übersehen, daß die Truppe, wenigstens soweit sie aus Polnischen Tartaren bestand, eine nationale war; dazu kam, daß, indem nur Freiwillige genommen wurden, die schließlich nicht ohne Friedricianische Begeisterung waren, man in gewisser Hinsicht ein Freicorps hatte, das, mit seinem nationalen Beigeschmack, im Gegensatze zu der sonst in Preußen nur erst regulairen Reiterei, sich als eine irregulaire charakterisirte, bis es gelang, gegenüber den verschiedenen Systemen der Sachsen, Russen, Franzosen, die man vertreten fand, nach einer Methode zu schulen, die für die Pikenträger, als die ersten Preußischen noch zu finden sein mochte.

Dies Ziel war schwer zu erreichen, so lange man noch an eine nationale Truppe von Polnischen Wallachen dachte. Natzmer verstand diesen verwickelten Verhältnissen Rechnung zu tragen, indem er, ebenso sorgsam als schonend alle Faktoren, die in der Truppe waren, für den Dienst zu nutzen suchte.

Die Neuankommenden empfing er mit der lebhaftesten Freude. Junge Leute von Erziehung und Familie ließ er nicht ohne Vertröstung auf den Tag, wo er sie dem Könige zum Avancement werde in Vorschlag bringen können und richtete er für die Junker eine kleine Schule ein. Bedürftigen half er mit eigenen Mitteln. Indem er die Miene annahm, als kümmere ihn der Verkehr seiner jüngeren Offiziere nur wenig, beförderte er ihren guten Geist durch Vorzüge, welche er den strebsamen zukommen ließ. Den gemeinen Mann schützte er vor Mißhandlungen, da er schon seinem Ohm, dem Feldmarschall, mochte abgesehen haben, welcher Hebel für den Soldaten das Ehrgefühl ist. Mißhandlungen zu verhüten, soll G. Ch. seinen Offizieren verboten haben, den Stock, welcher übrigens in der Armee regierte, bei sich zu führen. Die Unteroffiziere mußten die Sprache der Leute verstehen, welchen sie vorgesetzt wurden. Natzmer legte einen großen Werth auf gute Instruction. Die Offiziere übte er, ihrem Range nach, selbst ein, unterrichtete sie auch in allem, was ihm nöthig schien.

Es wird als ein Zeichen der Einwirkung angesehen werden müssen, welche Natzmer pflegte, daß seine Leute, schon bevor sie an den Feind kamen, darauf hielten, trotz der Pike, welche sie führten, „Polnisch-Preußische Husaren", nicht aber „Ulanen" genannt zu werden.

Man wird hierin keinen Widerspruch finden können, wenn man sich erinnert, daß die alten Ungarischen Husaren gleichfalls Piken führten. Auch will man unsere „Bronikowskischen" Husaren, die Preußischen, als sie 21. Januar in Landsberg einen 8tägigen Aufenthalt nahmen, ihre Fahnen zu empfangen, mit Piken bewaffnet gesehen haben.

Der König, welcher schon den 9. März über das neue Regiment Natzmer dem Fürsten geschrieben hatte: „E. L. recom. ich diese Sache auf das angelegenste und hoffe ich diese esq. in kurzen formiret und im Stande zu sehen, daß solche je eher je lieber in camp marchiren können" drängte 12. wieder:

„Pressire die Anwerbung der neuen Wallachen aufs äußerste u. w. mir Ihre D. einen besonderen Gefallen thun, wenn sie den O. Massow anhalten, die Mondur für die 6 neuen esq. Wallochen aufs möglichste zu beschleunigen und den Ankauf der Pferde in der Neumark zu pressiren."

„Flüchtige Pferde" zu schaffen bemühte sich der 18. März vom Regiment Geßler zurückgelassene Lieut. Ogynski; Massow, der schon unter dem vorigen Könige die Oekonomie hatte und angewiesen wurde „b. Mondirstücke, Gewehr u. Verpflegung dieser esq. zu besorgen und dem Fürsten den etat und alle andere Nachrichten davon zu communiciren" mußte hier wie überall den Ansprüchen, welche der König machte, so zu ent= sprechen, daß er von ihm ein Geschenk von 12,000 Thaler erhielt. — Uebrigens befahl der König die weiteren Lieferungen fürs Regiment Ulanen in Potsdam zu belassen, „wohin auch die Remonte zu dirigiren" und „hier könnten die neuen Mann= schaften und Pferde bis zum Eintreffen des Regiments etwas dressirt werden".

Das Einrücken unserer Pikenreiter in Berlin war ein Volks= fest. Nie hatte man hier Krieger dieser Art anders als auf Bildern gesehen, nun hatte man von ihnen ein ganzes Regiment vor sich, das, vor all' den Neugierigen, welche sich eingefunden hatten, auch in den breiten Straßen der Stadt, kaum vorrücken konnte. Die Reiter trugen die Polnische Nationaltracht, in ihren Farben blau und weiß: sehr weite lichtblaue Westen und Hosen, mit einer rothen Schärpe um den Leib und ganz weiße Ober= kleider, die den Polnischen gleich, bis zur Erde reichten. Auch ihre stark gefütterten, mit schwarzem Pelz verbrämten Mützen waren hellblau. Die Trompeter, deren bei jeder „Compagnie" 2 waren, hatten Heuduckenhüte, die Standarten waren blau, reich in Silber gestickt.

An Waffen führte man ein Paar Pistolen, einen Carabiner, den Säbel und blau oder roth beflaggt, die Lanze, welche 5 Ellen maß, „aufrecht, auf den sichtlich muthigen Pferden".

Natzmer hatte in der Residenz mit seinem Regimente vor den anwesenden Generalen die Revue zu passiren, während er, wie überall, wo er sich aufhielt, täglich exercirte.

Seine Uebungen, namentlich auch in der Fertigkeit, die Lanze zu führen, ließen nichts zu wünschen übrig. Ein Chronist erzählt uns: „Die Pferde wurden getummelt. Die Leute wurden exercirt mit ihren Lanzen im Reiten fast allemal einen Spezies zu treffen. Mit ihrer Lanze machen sich die Reiter formidabel. Wenn sie solche vorwerfen ist ihnen mit keinem Säbel beizukommen. Das Eisen, so an der Stange ist, geht mit einem Stoß durch den stärksten Harnisch." Fast ließe sich hiernach annehmen, daß man den Nachdruck auf die Ausbildung des einzelnen Mannes legte, aber es fehlt auch nicht an einer Andeutung, daß der Trupp gedrillt wurde. „Hingelegt und vorgestreckt standen die sämmtlichen Lanzen vermittelst des Carabinerhakens, welcher die Lanze mit dem Bandelier verband, in einer beinah schnurgleichen Richtung."

Das Regiment überschritt am 19. Mai die schlesische Gränze mit circa 600 Mann, die den 28. Mai Breslau erreichten, wo sie auf dem Schweidnitzer Anger aufmarschirten. 30. Mai wurden sie zur Communion in die Kirche geführt, um nach einer Einrichtung, welche unter Friedrich reglementsmäßig Statt hatte, die Vereidigung, welche vorangegangen war, zu heben. 8. Juni trafen wieder circa 600 Ulanen auf dem genannten Anger ein, die, soweit noch erforderlich „mit flüchtigen Pferden, wie die Husaren haben" beritten gemacht, gleich den anderen 4 Tage nach ihrer Ankunft in Marsch gesetzt wurden.

Es waren meist junge, untersetzte, handfeste Kerls, deren keiner beim Essen über Zahnschmerzen klagte, sondern putzten alles hurtig weg, daß unsere Kräuter sich wunderten und man nachher von einem guten Esser zu sagen pflegte „er ißt wie ein Ulaner!" —

Der Cavalleristische Standpunkt des Königs.

Noch unter dem 11. April hatte der König dem Fürsten geklagt: „muß Ich E. L. gestehen, daß der größte Theil von meiner Cav. sich als schlechte Kerls aufgeführt hat. — Die Cav. ist nicht wehrt, das sie der Theufel holet, kein officir geht mit Sie um." —

Der König eilte diese Verfassung seiner Cavallerie, auch durch das Mittel der Husaren zu ändern. Alle Morgen ließ er persönlich in seinem Feldlager die Husaren manövriren; 9 von den jüngsten Offizieren der Cavallerie und der Dragoner mußten mit den 9 Husarenpatrouillen, welche täglich ausgeschickt wurden, gehen und die übrigen Cavallerie-Offiziere zusehen, deren Dienst zu lernen. Zieten scheint diese Uebungen geleitet zu haben, bei ihm mußten sich die Commandirten melden: schon hieraus erklärt sich, daß die sonst guten Heymannschen Nachrichten berichten konnten „6. Juni, bei Gelegenheit einer ansehnlichen Promotion wurde Herr v. Zythen Chef des ganzen Husaren-Corps".

Nach diesem Anlaufe kann es nicht Wunder nehmen, daß schon bald nach Molwitz „nicht ein Tag verging, an dem nicht die beiderseitigen Husaren ihr möglichstes thaten". 14. Mai schrieb der König mit Befriedigung: „habe benachrichtigen wollen, wie es nunmehr mit unsern Husaren-Parthien besser zu gehen anfängt und solche jetzo nie zurückkommen, ohne einen Vortheil über den Feind erhalten zu haben, auch Gefangene sowohl Offiziere als Gemeine einzubringen, daher denn auch das Herumschwärmen derer feindlichen Husaren sich etwas zu legen anfängt, obschon der Feind 4000 Husaren haben soll, Ich aber deren nur ohngefähr 900 habe".

Der Ulanen erstes Auftreten im Felde.

Noch kamen unsere Pikenreiter à propos. Schon sollten 21 Fahnen, jede derselben zu 60 Mann, mithin 1260 Ulanen im Lager, der Rest zu 2000 unterwegs sein. Hierzu wollte man noch „1200 Mann zählen, 8 Eskadrons mit einem Jägercorps unter den Generalen Klingenberg und Sibilski." Man sieht, es liegt eine Confusion mit den Sachsen vor, „das Corps von Woloffen, welches der Armee ein neues Ansehen gab", erweckte unbillige Erwartungen.

Nachweislich rückten 2. Juni die 3 ersten Escadrons Ulanen ins Lager, kaum viel stärker als 399 Pferde, wie man sie formirte. — Schon am folgenden Tage durften 50 Ulanen mit einem gemischten Commando gegen den Feind gehen. „Die ungarischen Husaren machten zu schaffen"; aber die Ulanen genügten und der König vergab die für Natzmer noch offen gehaltene Commandeurstelle der Geßlerschen Cüraffiere anderweitig. Natzmer sollte die Ulanen behalten. — 7. Juni gab's wieder ein Gefecht für unsere Ulanen, welches man vielfach entstellt hat. In dem Dorfe Ulbendorf, ½ Meile von dem rechten Flügel unseres Lagers, waren 100 Husaren, die auf Postirung standen, mit Tagesanbruch von einer starken feindlichen Abtheilung überfallen. Sie hielten sich nur noch in dem Schlosse, auf welches sie sich zurückgezogen hatten; der Feind steckte das Dorf an, sie auszuräuchern. „Aber im Lager wurde Lärm": 800 Husaren und Ulanen eilten, ihre Kameraden zu entsetzen. Sie trieben die Feinde bis auf einen Berg; doch diese retirirten nur „pro forma", denn mit den übrigen „hinter dem Berge" vereinigt, überfielen sie die unsrigen, „welche lange nicht so stark waren, als sie". Man schätzte den Feind auf 3000 Husaren; er hatte auch einige Infanterie, die sich zur Aufnahme in einem dabeiliegenden Walde versteckt hatte. Trotzdem mußte er „wohl 60 Mann auf der Wahlstatt" laffen und das Feld räumen, noch bevor der König mit 3 Dragoner-Regimentern Succurs ankam. Von uns sind etwa 60 Ulanen und 30 Husaren, darunter der brave Rittmeister v. Lebwari, geblieben; die Ulanen haben sich sehr tapfer gehalten. Man hat Unrecht gethan, aus diesem Gefechte Capital gegen sie zu machen, zumal ihrer nur einige hundert zur Stelle sein konnten. In den folgenden Tagen kam erst der Nachschub aus Breslau, welchen der König am 14., Nachmittags 4 Uhr, bei dessen Eintreffen besichtigte. Es waren wieder 3 Eskadrons, welche gleich den anderen schon am folgenden Tage gegen den Feind mußten. 20. Juni, im Lager von Strehlen, „dem anmuthigsten unter allen, in welchem es nicht an Wasser und Zufuhr, nicht an Bergen und Plänen fehlte", wurden die vereinigten Ulanen vom Könige gemustert, der sich vollständig mit ihnen zufrieden erklärte.

„Am Morgen unseres letzten Marschtages," erzählt ein Veteran des Natzmerschen Regiments, „waren die Fähnchen, durch deren Farbe die Schwadronen sich unterschieden, an die Lanze befestigt. Die dienstmäßige Eitelkeit der Krieger zeigte sich niemals auffallender als an diesem Tage, wo wir schließlich auf einem weiten Anger, im Glanze der Sonne, in feierlichster Stille, scharf gerichtet, des Königs warteten, der in Begleitung Zietens und anderer an uns herangeritten kam. Ich sah den König zum ersten Male. Mein Herz schlug ungestüm, meine Augen füllten sich mit Thränen der Freude, da ich dem huldreichen Gruße des Königlichen Blickes begegnete. Ich hätte niederknien mögen."

Nachdem der König mit Befriedigung das Regiment in dieser Aufstellung gemustert hatte, versammelte Oberstlieutenant v. Natzmer seine Offiziere, ihnen zu einem Manöver, welches der König befohlen hatte, die Disposition zu geben.

„Jeder von Ihnen wird sich beeifern des Monarchen Gnade und Lob zu verdienen" war sein caeterum censeo.

Es war nicht zu verwundern, daß das Manöver ausgezeichnet ausfiel, da das Regiment gut geschult und das Terrain eben war.

Der König verkündete „Oberstlieutenant v. Natzmer, Er hat ein schönes Regiment geworben. Ich sah nie ein schöneres Corps und erwarte viel von ihm".

23. Juni rückten unsere Husaren und Ulanen mit einem größeren, gemischten Detachement aus. Die Husaren „scharmutzirten; es ging alles confus zu, wie bei den Husaren pfleget". In solchem Falle „zogen sich einige Rotten vom rechten Flügel vorwärts und feuerten mit den Pistolen und den übrigens sehr bequemen, kurzen Musketons, die man am Bandelier hängen ließ und mit einer Hand regierte — aufs gerathewohl und setzten sich am linken Flügel der Eskadron." Festetics „ergriff diesmal wieder verstellt die Flucht, wendete sich verfolgt und verhielt sich mit dem Säbel in der Faust so eifrig, daß die Gegenseitigen das Feld räumen und die mit sich führenden Stücke in den nächsten Wald salviren mußten". Das Treffen war aber blutig und sind von beiden Seiten mehr als 30 Mann geblieben, „von uns der Rittmeister Glabowsky; ein Lieutenant Zitvitz" wurde gefangen.

Nur wenige Wochen früher hatte der König sich geäußert: Die Ulanenfrage. „die Ursache, warum es mit m. Husaren besser, wie vorher geht, erachte zu sein, weil keine kleine Parthien, sondern solche zu 150 Mann ausschicke, bei welchen allemal etwas von der Cavallerie (Cürassiren) und Dragonern commandirt ist, solche erforderlichen Falls zu souteniren."

Er hielt den Husaren die Cavallerie für nicht entbehrlich, wie er diese nicht ohne jene auftreten ließ. Es ist deshalb auffallend, daß er wiederum darauf hielt, die Ulanen sollten allein auf den Feind gehen und schreibt man jene Verluste vom 7. und 23. dem zu, daß die übrigen Truppen, nach Anordnung des Königs, Zuschauer bei dem Gefechte der Ulanen bleiben mußten, bis es zu spät war.

Friedrich wird mit Folard, für dessen Schriften er sich so interessirte, daß er ihn freilich vergeblich einlud, nach Berlin zu kommen, den berühmten Grundsatz Montecuculis getheilt haben: „Die Pike ist die Königin der Waffen." Auch in der Armee raisonnirte man: „Die Pike allein giebt in einem Gefechte Mann gegen Mann einen entscheidenden Vortheil über den, der keine hat. Wenngleich der Husar einen Stich mit der Pike mit seinem Säbel abwehren mag, kann er die nicht abwehren, die auf sein Pferd gerichtet werden."

Immerhin konnte man aber von unsern jungen Ulanen billigerweise nicht mehr verlangen, als die Vorbilder derselben bis dahin leisteten.

Nun waren die Polnischen Ulanen ein in sich schon, so zu sagen, aus Ulanen und Husaren combinirtes Corps. Die einen dienten zur Unterstützung der anderen, während unsere Ulanen, aus einem Gusse, nur Pikenreiter waren.

Und die Ungarischen führten, wie wir gesehen haben, nicht mehr die Pike. Aus dem Wenigen, was wir von ihnen wissen, kann man aber schließen, daß auch sie nach denselben Grundsätzen formirt waren. „Man hat übel gethan," heißt es irgendwo, „den Ungarischen Husaren die Pike zu nehmen, weil diese Waffe besser wie jede andere sich vor eine leichte Cavallerie schickt. . . . man wenigstens dem 1. Gliede welche geben sollte, wodurch sie Vortheil über jede andere Cavallerie haben würde, besonders über die, welche zu Parthien gebraucht wird."

Der ganz irregulaire Dienst der Kosacken stand schon deshalb außer Vergleich, weil ihm die militärische Ordnung, welche man in Preußen immer suchte, fehlte. „Die Kosacken, indem sie ausschwärmen, harceliren und verfolgen gern. Wie Heuschrecken fallen sie über einen ohnmächtigen Feind, lieber noch über seine Bagage her; doch sie lieben es nicht sich gefechtmäßig zur Wehre zu setzen. Der Kosacke zieht es vor, sich den Gegnern zu entziehen. Im Gedränge ist er ein armer Mann."

Hiernach durfte die Unterstützung an Cavallerie, welche man den Husaren für nothwendig erachtete, unsern Pikenreiter kaum entzogen werden. Aber von anderer Seite stempelte man die

Ulanen zu schweren Reitern. „Sie sollten in einem großen Treffen mit den Piken Wunder verrichten können, während die Husaren plänkern und auseinandersprengen, bis man mit dem Feinde handgemein." Aus dieser Anschauung mag man die Cüirassiere mit der Vaterschaft über die Ulanen betraut haben, wie einst die Dragoner mit der über die Husaren.

Der geniale König, mit seinem praktischen Blicke, huldigte wohl beiden Auffassungen, indem er für seine Ulanen diejenige Combination der schweren und leichten Reiterei in Anspruch nahm, welche unter ihm durch die Handhabung in den Regimentern mit der Zeit realifirt, ein Gemeingut der ganzen Reiterei aller civilifirten Nationen geworden ist.

Aber die Dienstzeit der meisten damaligen Pikenreiter zählte erst nach Wochen. Kaum 3 Schwadronen waren einige Monate in der Arbeit. In dieser Zeit dies Regiment von so buntem Material auf den regulairen Fuß zu bringen, war auch der geschicktesten Handhabung wohl unmöglich. Es war mehr Zeit nöthig, den werthvollen kleinen Dienst, einen praktischen Niederschlag langer Erfahrungen, worin die Preußische Reiterei leider nur zu einseitig geschult war, bis Friedrich die Keime belebte, in die irregulairen Elemente einzubürgern, zumal, wo es wie hier darauf ankam, ganz neu die Vorzüge leichter und schwerer Reiterei in einem fremdartig bewaffneten Corps zu verkörpern. Der König erkannte dies auch an, indem er an die Ulanen nur noch Husarenansprüche machte, Natzmer aber, unter Beförderung zum Oberst, als Chef seines Regiments bestätigte. *Die damaligen Natzmer Ulanen und ihre Verwendung als Husaren.*

Inzwischen war es übrigens auch bei den Leibhusaren nicht ohne Enttäuschungen abgegangen. Der König hatte ihren Chef, in Folge des Gefechts von Rothschloß, zu einem Garnisonregimente versetzt. Eine soldatische Natur, scheiterte Obrist Wurm an den großen Anforderungen, welche man gleich mit Beginn des Krieges an ihn als Husar machen mußte; denn „erst mit *Die Husaren-Regimenter u. ihre Chefs.*

der Zeit gelangte man zum Verständnisse des Husaren-Können's."
Der König klagte: „überall finde, daß es sonderlich bei der Cavallerie an gehöriger Subordination noch in vielen Stücken fehlt.
Ich bin von der sämmtlichen Cav. versichert, wenn Offiziere
solche gebührend anführen, dieselben gewiß so gut thun werden,
wie die Infanterie gethan hat, indem es eben dieselbigen
Leute sind; es hat wohl an nichts anderem gefehlt, als daß den
Leuten es nicht recht gewiesen; — es hat an nichts anders als
an der Dummheit vieler Offiziere gelegen, die nicht die gehörige
ambition gehabt, sondern mehr Pächter und Bauern als Offiziere gewesen."

Natzmer war von allen Führern der damaligen leichten
Reiterei der einzige, der ausschließlich aus der alten Preußischen
Cavallerie hervorging. Selbst Wurm hatte schon Jahre lang
dem Husarencorps angehört.

Hans Joachim v. Zieten, etwa 41 Jahre alt, einige Jahre
jünger an Lebens- und Dienstalter wie Natzmer, hatte vor diesem
die Anciennität voraus, welche der Soldat den Lorbeeren gönnt,
welche vor dem Feinde erworben werden. Zieten hatte sie
17. Mai bei Rothschloß gepflückt, indem er seinen alten Lehr-
meister Baronah, unter dem er als Husar schon 35 im Felde
gestanden, aufs Haupt schlug. Der König erkannte dies ältere
Patent dadurch an, daß er ihn vor dem Collegen zum Oberst
und Chef der Leibhusaren ernannte.

Uebrigens verband Zieten mit Natzmer manche Gleichartig-
keit. Zieten, ein guter Märker, Natzmer, ein guter Pommer,
hatten beide nur ihrem Könige gedient; sie hatten mit einander
manche Familienbeziehungen; sie waren ernste Charaktere, deren
Herzen zu Gott schlugen, während die übrige Husarenwelt, die
sie umgab, ein anderes, buntes Aussehen trug.

Johann v. Bronikowski hatte 7 Jahre unter Carl XII.
und 14 Jahre den Polen gedient, als er 17$^{25}/_{26}$ Rittmeister bei

den Husaren in Preußen wurde. Er war der Nestor der Preußischen Husaren, übrigens immer noch ein Mann von stürmischer
Unternehmungsluft. Ihm, dem 62 jährigen Polen, die ersten,
grünen Husaren zu geben, hatte Friedrich sie dem jugendlichen
Prinzen Eugen von Anhalt genommen, der darüber sehr beküm-
mert war.

Friedrich Asmus v. Bandemer, Chef der 3. blauen Husaren, hatte 2 Jahre in polnischen, 19 Jahre in russischen Kriegsdiensten gestanden, in Polen, Persien und in der Tartarei gefochten. Gleich wie Wurm zählte er 56 Jahre.

Der Commandeur der 5. schwarzen Husaren, George
Hennbert v. Mackerodt, hatte 9 Jahre den Sachsen gedient.
Seit 27 Preußischer Husar, hatte er vorher mit Natzmer bei
Gustav zu Pferde gestanden. Er war 50 Jahre alt.

Die 6. braunen Husaren, welche sich den Namen der
Fleischhacker erwerben sollten, erhielt der aus österreichischen
Diensten übergetretene Rittmeister Isidor Graf v. Hobitz, als
Obrist, ein geborner Böhme, dessen Nachfolger v. Solban, früher
in schwedischen Diensten war.

Eine Anschauung von der Verwendung zu erhalten, welche
man den Husaren im ersten schlesischen Kriege gab, muß man
schon die spärlichen Mittheilungen über ihre Thätigkeit auch vor
dem Kriege mit den Erlassen in Verbindung bringen, welche der
König den Krieg über und unter dessen Eindruck, vor Ausbruch
des zweiten schlesischen Krieges, ertheilte.

Die Husaren haben, bis die Feldjäger ins Leben traten,
die Correspondenz ihres Königs zwischen dem Kriegsschauplatze
und Berlin etappenweise befördert. Der General-Postmeister
Holtzendorf regulirte diesen Dienst mit dem Obristlieutenant
v. Wurm schon anläßlich einer Reise Friedrich Wilhelms nach
Magdeburg, „weil S. M. alle Tage das Felleisen mit f. Sachen
haben will". Der König befahl aber, die Husaren sollten „nichts

Verwendung
der Preuß.
Husaren.

Husaren als
Feldjäger
(Couriere).

auf ihre Pferde nehmen, als Felleisen und Mantelsack". Dies schloß nicht aus, daß sie „30,000 Thaler Tafelgelder von Berlin nach Potsdam zu S. M. Händen escortirten".

Piquet und Patrouillen gegen Deserteure. Tag für Tag stand unter Friedrich Wilhelm ein Piquet der Berliner Husaren zur Disposition des Gouvernements, auch um den Deserteurs, wenn es solche gab, nachzusetzen. Indem sie diesen meist auf Schleichwegen, die sie kennen mußten, folgten, allarmirten sie überall unterwegs die Bauern, um sie zu bestimmen, ihnen bei der Jagd zu helfen. Für jeden eingebrachten schweren Reiter mußte der Rittmeister 12 Thaler zahlen; ein Husar kostete nur 6 Thaler, 1743. Merkwürdiger Weise behielten die Husaren das Vertrauensamt, wie der Graf Lippe diesen Dienst nennt, unter Friedrich im Felde.

Gränzcordon und Postirung. Friedrich Wilhelm hat seine Husaren auch an der Gränze verwandt, unter anderem an der Polnischen, bei Soldau. Sie sollten die hinterliegenden Garnisonen avertiren, wenn die Polen etwa einfallen und „nicht statuiren, daß man Excesse gegen sie begehe", vielmehr der „Gewalt Gewalt entgegensetzen". Es sollten deshalb „die Husaren, welche am nächsten gegen den Feind, ihre Bagage in einer von Infanterie besetzten Garnison zurücklassen". .

Escorte. 1735 wurden 1 Lieutenant, 3 Unteroffiziere, 30 Husaren zur Escorte des von Königsberg über Berlin nach Mendon reisenden König Stanislaus commandirt, die 25. Mai, nach 4wöchentlicher Abwesenheit, nach Tilsit zurückkehrten. Im Februar 39 bestimmte Friedrich Wilhelm zu seiner Escorte auf der Inspizirungsreise durch Polen, wo allein er eine solche Begleitung um sich zu haben pflegte, 1 Rittmeister, 40 Unteroffiziere, 80 Husaren vom Leibcorps. Auch Friedrich ehrte seine Husaren, indem er, als er die schlesische Gränze überschritt, 3 Eskadron Husaren in seiner Leibwache hatte. 40 Husaren unter Lieutenant Ritter, die der König 3. März 41 zu seiner Bedeckung hatte, griffen einen Schwarm von 3—400 ungarischen Husaren, die dem Schulenburgischen Regimente schon die Standarte genommen hatten, an und warfen ihn über die Neiße.

In der Rhein-Campagne wurden die Ordonanzen für die Generäle, welche bisher die Dragoner gegeben hatten, von den Husaren gestellt, weil man die Dragonerpferde schonen wollte.

Leider ist die erste Husaren-Instruction Friedrich II. verloren gegangen. Wir dürfen aber annehmen, daß die Instruction vom 21. März 42, der Hauptsache nach, ein Resultat der Uebungen war, welche der König schon den Sommer über hatte thun lassen und rücksichtlich deren er selbst von seiner Reiterei sagte: „Ich habe sie recht geschüttelt: wenn sie nicht in Zug kommt, ists wahrlich meine Schuld nicht."

Uebrigens war Friedrich schon damals überzeugt, daß „aus allem Husarenschießen nichts wird". Seine Husaren sollten deshalb „die mehrste Zeit wohlgeschlossen mit dem Säbel in der Faust attaquiren" wie die Dragoner, welche Carabiner und Pistolen „erst nach der Bataille ergreifen durften, wenn der Feind ausreißt".

Die Thätigkeit der Husaren Friedrich II. charakterisirt, in Uebereinstimmung mit jener Instruction vom 21. März 42, das Husaren-Reglement vom Jahre 43 wie in einem Programm.

„Es muß ein Husaren-Offizier den Feind recognosciren und auf die feindliche Armée Achtung geben, bey dergl. Commando von einem Offizier nichts weiter gefordert wird, als daß er dasjenige, was er sehen soll, recht siehet; die Husaren werden gebrauchet, weite Vorposten vor der Armée zu halten, damit der Feind die Armée niemals überfallen kann, bey dergl. wird hauptsächlich von ihnen erfordert, daß sie ihr Terrain judiciren und den Posten, wo sie sich setzen, wohl auszusuchen wissen; ingleichen werden die Hus. gebraucht, kleine Patrouilles um d. Armée herum zu thun, d. Deser-

(Marginalien rechts:) Ordonanzen.

Functionen der Preuß. Husaren im ersten Schlesischen Kriege.

tion zu verhüten; auf Partheyen gegen den Feind zu gehen, welches geschiehet, dem Feinde Abbruch zu thun, ihm die Fourage u. Lebensmittel zu benehmen u. die Subsistence dadurch schwehr zu machen, feindliche Escortes zu überfallen, dem Feinde in die Bagage zu kommen, selbigem in s. Marche aufzuhalten, kleine Detachements zu enleviren u. überhaupt dem Feind en detaille allen möglichen Abbruch zu thun; ferner werden Husaren gebrauchet die Contributions u. Brandschatzungen beyzutreiben u. die Avantgarde, wenn die Armée marchiret, zu machen; die Husaren werden auch zur Arriergarde gebrauchet, die Bagage zu decken."

Immer aber sollte noch den Husaren-Partien ein starker Rückhalt an Dragonern oder Infanterie mitgegeben werden.

Weitere Vorkommnisse im Felde.13. Juli brachten unsere Ulanen 50 Oesterreichische Husaren gefangen ein. 14. hielt der König wieder einmal eine Husaren-Revue ab. 18. lautete die Parole: Christian und Ulanen! 21. fand eine Auswechselung der Gefangenen statt; wir bekamen 20 Ulanen wieder. 23. geriethen unsere Ulanen mit den Ungarischen Tolpatschen, im Gesicht der Armee, auf einem Berge an Strehlen, in ein kleines Gefecht. Der Feind wurde mit Hinterlassung von über 20 Todten und 2 Gefangenen „in die Flucht getrieben"; von uns blieben nur 7 Mann und 1 Cornet.

1. August wurde der Befehl erneuert, daß die Husaren, sobald sie eingerückt, die 9 ordinairen Patrouillen ausschicken sollten. Die jungen Offiziere von der Cavallerie, welche Lust hatten, mit den Husaren-Commandos, bei welchen auch ein Stabsoffizier war, mitzureiten, mußten sich beim Könige melden. 11. scharmutzirte man bei Münsterberg. Der Rittmeister v. Bronikowski hatte mit den 80 Pferden seiner Avantgarde, „eine österreichische Feldpost über den Haufen geworfen" und war mit dieser in die Stadt gedrungen, bevor die Unterstützungen hatten herankommen können. Man schlug sich „um den Rathhausthurm,

wobei die Oesterreicher, 1000 Mann stark, Meister" wurden.
Sie schnitten unsern Husaren die Retirade im Thore ab, massa=
crirten und machten Gefangene, welche letztere aber der Obrist
v. Natzmer, der mit dem Succurs herankam, größtentheils bega=
girte. Der Feind zog sich in sein Lager zurück; der Cornet
Neglie vom Bonikowskischen Regiment wurde zu einem Garnison=
regimente versetzt. 15. wurden der General Geßler und die
Obersten v. Bronikowski, Zieten und Natzmer auf den Nach=
mittag 3 Uhr zum Könige beschieden, „ihre Instructionen" für
den folgenden Tag zu holen, wo die Armee marschiren sollte.

23. August sehen wir unsere Ulanen die äußerste Spitze
der Avant=, wie Arriergarde bilden. Es galt von Reichenbach
aus, wo sich das Heer gelagert hatte, gegen Frankenstein zu re=
cognosciren. Der König bestimmte dazu 8 Grenadierbataillone,
8 Kanonen, 15 Dragoner= und 20 Husaren=Eskadrons, mit
Einschluß der Ulanen. — Zieten mußte mit den Husaren den
beiden Colonnen, in welchen man marschirte, vorangehen; die
Führer seiner Patrouillen, deren zwei zu je 60 Mann bestimmt
waren, sollten „melden, wenn sich eine Große Parthey von dem
Feinde sehen läßt". „Der Obristlieutenant v. Malachowski, von
den Ulanen, hat mit 300 Pferden die Avantgarde, heißt es, er
marschirt 1000 Schritt vor der Colonne Husaren, nimmt die
Marschroute der Colonne, läßt alles melden, was er vom Feinde
gewahr wird, ehe er sich mit demselben engagirt, wie er denn
auch nicht weiter marschirt, als bis nach Schönheide, allwo er
nähere Ordre erwarten muß. Alles, was er von Bauersleuten
oder sonst antrifft, so intentionirt, nach dem Feinde zu gehen
oder von selbigem kommt, behält er bei sich und so er etwas
vom Feinde erfährt, muß es sogleich gemeldet werden, auch
müssen heute Abend noch — der König ertheilte den Tag zuvor
diese Disposition — einige Wegweiser angeschafft werden."
Wir sehen die Ulanen hier in dem besten Husarendienste. — Als

Malachowski um 8 Uhr der feindlichen Truppen ansichtig wurde, war er nur zu tapfer. Er nahm 1 Offizier und einige 20 feindliche Husaren gefangen; da er aber zu weit voraus war und wegen der Defilees nicht sogleich secundirt werden konnte, hatte er genug zu thun, sich durch eine Uebermacht feindlicher Husaren, welche ihn unerwartet umringte, durchzuschlagen. Später anderweitig verstärkt, nöthigte man die Oesterreicher sich zurück-zuziehen. „Es war ein starkes Scharmützel," erzählt uns Henning Otto v. Dewitz, der spätere Chef des Bronikowskischen Husaren-Regiments, „wobei viele an beiden Seiten geblieben und gefangen".

Hyacinth v.
Malachowski. Malachowski stand auf dem Sprunge, in ein anderes Re-giment zu kommen.

Schon 9. August hatte der König dem Fürsten Leopold geschrieben: und habe „die erste Esquadron von dem neuen — dem schwartzen — Husaren-Regiment dem hiesigen Obrist-lieutenant v. Malachowski" zugedacht, indem er Werth darauf legte, „recht tüchtige und brave Leuthe dazu aus fremden Diensten zu bekommen." „Ich verlasse mihr," schrieb er dem Fürsten Leopold, „J. D. werden mihr das Corps officirs zu Die Hu-saren bestens ausfindig machen."

26. August sind alle Husaren und Ulanen nach dem böh-mischen Gebirge recognosciren, 29. 600 Husaren und Ulanen nach Schweidnitz gegangen. 16. September war v. Malachowski wieder „zu hitzig". Er war mit 150 Pferden nach einem Dorfe an der Neisse detachirt, einige feindliche Husaren zu coupiren. Diesmal wurde er blessirt und gefangen, bevor ihn der Ritt-meister v. Natzmer, welcher mit 100 Pferden folgte, „securiren konnte". Trotzdem ernannte der König ihn, da er, „sich sehr wohl verhalten" noch in der Gefangenschaft zum Obersten und Chef des Regiments von Baudemer, welcher wegen der Affaire von Leubus den Abschied erhalten hatte.

Der neue Husaren-Chef war erst 33 Jahre alt. Er ist der jüngste von allen geblieben. Schon nach den kurzen Diensten, welche er der Armee leistete, erwartete man überall viel von seiner Klugheit, wie von seiner Tapferkeit. Wenige Jahre später, als er, in Folge einer Verwundung bei Gr. Strelitz gestorben war, sagte der König, welcher ihn auch persönlich liebte, sehr traurig bei Tafel: „Meine Herren, meine Armee leidet einen großen Verlust, Malachowski ist todt. Er war ein braver Mann; ich habe aber, als ich ihn das erste Mal sah, in seiner Physiognomie etwas Trauriges entdeckt, was nun erfüllt ist."

21. und 22. September, wo die Friedericianische Armee *Weitere Vorkommnisse.* bei Gr. Neudorf, von dieser durch die Neisse getrennt die der Oesterreicher bei Neunz stand, ließ der König wieder seine Cavallerie flügelweise „einige Manövers machen". Es paradirten 69 Schwadronen, darunter natürlich die Ulanen.

Von dem Marsche, welchen der König mit seiner Armee am 27. in das Lager machte, welches er zwischen Bielitz und Lammsdorf nahm, finde ich die erwähnenswerthe Notiz: „Diesen Tag haben wir einen sehr schweren Marsch ohne den geringsten Weg durch Heiden und Brüche gehabt."

1. October gingen die Ulanen mit einem Commando aus dem Lager, ein Dorf auszufouragiren, welches „etliche 1000 Husaren besetzt hielten und umschwärmten". Der Feind wurde nach einigen Kanonenschüssen belogirt und verlor etliche Leute. Von unserer Seite wurde nur ein Ulan leicht verwundet.

Den 9. passirte nichts sonderliches, als daß Hütten über *Personalien.* die Zelter gebaut und „ein Verhack hinter uns am linken Flügel gemacht wurde". Es war die Zeit, wo man mit dem Vertrage von Klein-Schnellendorf beschäftigt war. Der König, dessen Heer zwischen Puschiene und Friedland lag, ordnete damals manche Personalien. Die Patente der Rittmeister unter den Ulanen v. Zedmar, Wolf und Anton v. Natzmer datiren vom

6., 7. und 8. October. Wolf und Anton waren jüngere Brüder ihres nunmehrigen Chefs.

Wolf, von Prinz Gustav, war, mit Ausbruch des Krieges mit den Herren v. Rumpf, v. d. Gröben und v. Borcke als Courieroffizier zum Könige gekommen. Da dem Könige diese Offiziere hierzu bald zu schade waren, versetzte er sie, theils mit Vortheil, in seine leichte Reiterei, indem er für den Dienst, welchen sie hatten, aus Förstern ein Feldjägercorps formirte. Wolf Natzmer bekam die Malachowskische Schwadron. In der Ernennung seiner Brüder zu Eskadrons=Chefs unter ihm durfte Georg Christoph einen Beweis der Königlichen Zufriedenheit erkennen. In der Stabsoffizier=Stelle des Malachowski findet sich ein Major v. Bursky.

Weitere Vorkommnisse. Am 14. October wurde der Obrist Natzmer mit 500 Husaren und Ulanen aus dem Lager von Simsdorf=Loncznick, welches man am Tage zuvor bezogen hatte, detachirt, die feindliche Stellung zu erkunden und bekam hierzu „die Ordre, sich gar nicht mit dem Feinde zu engagiren". Es gelang Natzmer „ohne auch nur einen Schuß zu thun" „dicht" an das 2 Meilen entfernte, eben bezogene Lager und unangefochten zurückzukommen.

Bevor mit dem Falle von Reisse die Winterquartiere bezogen wurden, welche Natzmer in Oberschlesien, in Reichenstein, Patschkau, Weidenau, Johannisberg und Ziegenhals an der Gränze zugewiesen erhielt, folgten seine Ulanen in der Colonne des Grafen Truchseß den Oesterreichern, welche sich in Folge jenes Vertrages von Schnellendorf, ohne rechten Widerstand zu leisten, zurückzogen, am 17. nach Neustadt, später bis Troppau. Die Oesterreicher verloren auch hierbei außer einigen Gefangenen an 400 Ueberläufer.

Im December wurde der andere Malachowski, Paul Johann, Rittmeister.

Bei der Huldigung, welche der König 7. November zu Breslau geschehen ließ, finden wir auch unsere Ulanen. Der König mochte wohl gern mit diesen seltenen Reitern, die in Breslau, wie in Berlin Aufsehen erregt hatten, paradiren: seine Garde. du Corps mußte er bis auf 30 Mann nach Berlin vorausschicken. Man darf bei dem Charakter des Königs auch annehmen, daß die Ulanen, welche er unter diesen Umständen zeigte, im besten Stande waren und wird es sich lohnen, mit den Ulanen die Festlichkeiten in Breslau sich anzusehen. Der König hielt seine Ein- und Umfahrt in einem offenen Wagen mit 8 Pferden. Voran ritten blasende Postillone, dann kamen 4 Läufer. „Schon vor der Stadt wurde er von dem Ausschuß der gemeinen Bürgerschaft," weiterhin „von den Aeltesten der Zünfte und Zechen in Mänteln", wie die Ehrfurcht der Zeit es erforderte, begrüßt. Man übergab ihm dabei „ein Gedicht auf weißem Atlas, in blauem Sammet gebunden, in welchem man um die Freiheit der Hütten bat". Den 5. besuchte der König den Gottesdienst in der Elisabethkirche, wo über die Verbindung eines Landes mit seinem Oberherrn geprebigt wurde. Am 6. nahm er auf dem Schweidnitzischen Anger mit dem Graf Dohna-schen Regiment, den Nassauischen Dragonern und Husaren auch unsere Ulanen in Augenschein. „An eben diesem Tage wurde auf dem Neuenmarkte in einer dazu aufgebauten Küche ein ganzer Ochse gebraten, welcher um den Hals mit einem blauen Kranz geziert und auf dem Rücken und den Hintervierteln mit 300 Stück allerhand Flügelwerk gespickt war, an dessen rechter Seite das Preußische, an der linken das Polnische und Dessauische Wappen gespickt war." Zur Huldigung selbst nahm der König auf dem Rathhause, im Fürstensaale, unter einem carmoisinsammetnen, mit goldenen Tressen besetzten Baldachin, auf einem 3 Stufen erhabenen, goldenen Thronsessel Platz. Nach einer Anrede des Ministers Grafen Podewils, und einer Gegenrede des Landeshauptmanns von Prittwitz leisteten die versammelten Stände den Eid.

Maj. geruhten nun, verschiedene hohe Standespersonen, als auch die vornehmsten Deputirten an Dero Tafel zu ziehen, die übrigen aber durch den Traiteur Langen speisen zu lassen. Den Abend wurden „nach einer Intrade von Pauken und Trompeten alle Häuser und Fenster der ganzen Stadt mit Fackeln, Lampen und Lichtern sehr prächtig illuminirt. Zwei Ehrenpforten vor dem Rathhause, daran viele 100 Lampen befindlich waren, machten vor andern ein vortreffliches Ansehen". „Hier brennen, großer Prinz, nicht schlechte Lampen, Kerzen, Nein, es brennen selbst der Unterthanen Herzen" lautete die Dedication.

An der Börse brannten 2400 Lampen, auch „die Klöster waren schön anzusehen"; ein dabei befindlicher Chor vergnügte zugleich die Ohren. Ganz besonders stolz waren die Breslauer auf „Laternen, welche man den Abend des Einzugs zum aller= ersten Male auf dem Ringe, wie auf der Albrechtsgasse, wo der König im Gräflich Schlegenbergischen Hause abgestiegen war, anzündete. Solche stehen auf schwarz und weiß angestrichenen, über 3 Ellen hohen Säulen. Die Laternen sind 4eckigt, nach Art derer in Leipzig, 15 Ellen von einander entfernt."

Am Abend des folgenden Tages brachten die Primaner des Gymnasiums dem Könige eine Cantate. Auch Redouten fanden statt. Zur Erinnerung der Festlichkeiten vertheilte der König Huldigungsmünzen, auch an seine Offiziere, „denen, welche bei Mollwitz gewesen mit der Erklärung, daß sie den Stempel ge= macht hätten".

Die Ulanen werden Hu= saren.

Uebrigens waren die Ulanen nicht vollzählig. „Die Schwie= rigkeit, sie zu completiren, ist sehr groß," berichtet der Feld= marschall Schwerin, dem sie zugetheilt waren. Es fehlte aber mehr an Pferden, wie an Leuten. Schwerin schätzte einmal die

Ulanen auf nur 300 Pferde, wobei er versicherte, „100 Remontepferde, die das Regiment bekam, zusammen nicht 200 Thaler
werth waren; sie müssen um jeden Preis verkauft und die unver-
kauften todtgeschlagen werden". Vielleicht unterschätzte der Feldmarschall die Güte der ihm ungewohnten kleinen Pferde, die
freilich immer einen großen Abgang hatten. Jedenfalls mußte
man complet werden. Natzmer war in einer verzweifelten Lage,
zumal die Ulanen bei Beginn des Winters in allen Theilen
Schlesiens zerstreut waren, dazu gings wieder ans Marschiren.
8 Schwadronen und 500 Pferde stark finden wir die Ulanen
22. December in Troppau, vom 27. ab in und um Olmütz,
wo Schwerin mit seinen 15,000 Mann, bei vortrefflichster Manns-
zucht, in den Winterquartieren blieb, bis der König die nun alliirte
Armee von Preußen, Sachsen, Franzosen, die einander nicht
trauten, bei Wischau und Trebitz sammelte. Die Rangliste der
Ulanen pro Februar weist, mit Einschluß von 80 Unteroffizieren schon 1100 Ulanen und 541 Pferde nach; die Schwadron
zu 3 Offizieren, 8 Unteroffizieren, 2 Trompetern, 1 Fahnen-
schmied, 102 Ulanen. Die Zahl der Pferde variirt von 74 bei
der Leib-Eskadron bis 29 der Schwadron des Rittmeisters
v. Briesky.

Uns schon bekannte und noch unbekannte Rittmeister finden
sich übrigens in dem Regimente, wie folgt, rangirt:

v. Trachenberg, als Einschub an Stelle des
1. Februar gestorbenen Ritter,

v. Zedmar,

Wolf v. Natzmer,

Anton v. Natzmer,

de Manget,

v. Horobinsky,

v. Malachowski,

v. Briesky.

Nach der ordre de bataille, in welcher sich 43 Bataillone und 81 Schwadronen aufgeführt finden, machten unsere 8 Schwadronen Ulanen mit ebensoviel Eskadrons Zieten, den Bronikowskischen Husaren und 5 Schwadronen franz. Chevauxlegers die Reserve aus.

Am 15. Februar besetzte der Prinz Dietrich v. Anhalt, der Tags zuvor mit 8 Bataillonen, 14 Schwadronen und 2000 Husaren und Ulanen, Preußen und Sachsen, hierzu ausgeschickt war, nach einigen kleinen Gefechten mit der feindlichen leichten Cavallerie Iglau. Der General Posadowky ging mit 3 Bataillonen und 2000 Pferden über Nikolsburg gegen die Donau, brandschatzte das platte Land, verbreitete Furcht und Schrecken bis nach Wien: Zieten drang mit seinen Husaren sogar bis Stockerau vor, was Camphausen, auf einem seiner prächtigen Bilder im Winter 65/66 in Düsseldorf der erstaunten Welt zeigte, die es nicht einmal mehr glauben wollte, daß ein Preuß. General vor den Thoren der Kaiserstadt als Feind habe stehen können.

Der König, der in diesem Feldzuge es nicht verschmähete, zur Aufmunterung seiner Leute einen schwierigen Marsch auf schlüpfrigen Wegen zu Fuß mitzugehen, machte seinem Aerger, daß die Ulanen, auf die er so große Stücke gesetzt, als solche ihm noch immer nicht genügten, mit den Worten Luft, sie „seindt das Brodt nicht werth", 1. April; auch wurde der Fürst Leopold, welcher nun das Commando in Schlesien hatte, beauftragt, dahin zu sehen, daß „der Cheff und die Offiziere nicht mehr eine schlechte ordre oeconomie und Aufsicht über Leute und Pferde" halten. Die Schuld wurde Schwerin beigemessen, dem der König die Ungnade, in welche er gefallen war, zu motiviren 18. März schrieb: „Antworte Euch, daß die wenige Praecaution, welche Ihr im Winter in Oberschlesien gebrauchet, die üble Haushaltung, welche mit dem Natzmerschen Regimente Ulanen vorgenommen worden, wodurch dasselbe ganz ruinirt worden .. die Ursachen find, warum ich den Prinzen Leopold beordern müssen", das Commando zu übernehmen. In der That wußte damals Schwerin ein Husaren-Corps wohl noch nicht zu würdigen. In der Meinung „die Kappe macht keinen Mönch" scheint er den König nur mit Vorschlägen, Dragoner an Stelle der Husaren zu errichten, belästigt zu haben.

Während der König in Böhmen war, finden sich die Ulanen in Oberschlesien. Sie sollen zunächst in Brieg und einigen umliegenden Orten zu liegen gekommen sein, wo die Ruhe, welche ihnen immer bisher gefehlt hatte, benutzt wurde, sie in den erwünschten Stand zu setzen. Der alte Dessauer war ganz der Mann, Natzmer, den er schon von Aschersleben kannte, hierbei zur Hand zu gehen. „Unsere Uebungen," versichert uns ein Veteran, „wurden immer ernster betrieben"; die Pike aber beseitigt, der Säbel ergriffen. Die Ausbildung beschränkte sich auf den Husarendienst. „Unsere Leute, lauter gewandte junge und kraftvolle Burschen, meist noch Lithauer, wie die Ungarn und Kosacken geborene Reiter, waren bald ausexercirt. Schon im Anfang des Maimonats konnten die Ulanen den schönsten und geübtesten Regimentern an die Seite gesetzt werden. Zieten und Malachowski verschmäheten es nicht, unsern Uebungen zuzuschauen." Vom 8. Mai ab versahen die Natzmerschen Ulanen die Escorten nach Neisse, was bisher die Husaren Zieten gethan hatten.

Auch fehlte es den Ulanen jetzt nicht an kriegerischen Erfolgen. Schon 25. Mai hatte der König einen Bericht darüber in Händen, auf den er an den Dessauer schrieb, „daß die Ulanen sich E. L. Orthen gegen den Feind distinguiren, ist mir sehr lieb zu vernehmen". Wenige Tage später gabs wieder ein glückliches Scharmützel. „31. Mai wurde der Rittmeister v. Malachowski von des Herrn Oberst v. Natzmer Regiment Ulanen von Oppeln aus mit 50 Pferden detachirt, einen Haufen Ungarn, Wallachen, Salzbauern, 3 Meilen davon, aufzusuchen. Malachowski hat einen Haufen von 100 Mann angetroffen und nachdem er, ohne einen Schuß zu thun, eine Salve von ihnen abgewartet, bis auf einige wenige, so sich noch salviret und einen Gefangenen, sämmtlich in die Pfanne gehauen."

Mit Hülfe des Gefangenen hat Malachowski alsdann die noch übrigen 200 Mann dieser irregulairen Mannschaft angetroffen und davon etliche 30 niederhauen können, während „sich die übrigen durch die Flucht in die nahegelegenen Gebirge und Wälder salviret. Das Preußische Detachement hat bei diesem doppelten Scharmützel nicht mehr als 1 Pferd verloren, 2 Mann sind mit gehacktem Blei blessirt, keiner geblieben."

4. Juni waren von „sogen. Natzmerschen Huhlanen 800 beritten und in dienstfertigem Stande. Sie waren nun „mehrentheils beritten". Sie zu completiren fehlte es nur noch an Pferden, für deren Beschaffung sich der König verbindlich machte. Die „Remonte, hoffe Ich, soll nächstens zusammen und an Orth und Stelle sein," schreibt er 25. Mai. Er rechnete auf „die guten Husarenpferde," welche der Graf v. Hacke aus Krakau zu beschaffen wußte.

Indem Friedrich dem Fürsten ausdrücklich freistellte, sich der Ulanen wie der Husaren nach Gutbefinden zu bedienen, erwartete er, daß es ihm nicht mehr „an Mitteln fehlen könne, das schwärmende Gesindel im Zaume zu halten". Gleichzeitig bestätigte er auch förmlich die Umänderung, welche die sogen. Natzmerschen Ulanen zu Husaren erfahren hatten, 4. Juni. — Aber er ließ auch diese Gelegenheit nicht vorübergehen, in seiner markablen Weise, alle Seiten anzuspannen. „Es wird gut sein diese Leute bestmöglichst zu avanciren, damit sie sich wieder hervorthun können."

Zur Erinnerung an ihren Stamm behielten die nunmehrigen Natzmerschen Husaren № 4 die polnischen Nationalfarben, blau und weiß. Sie bekamen weiße Pelze, hellblaue Dollmans mit blauen resp. weißen, die Offiziere mit silbernen Schnüren und gelbe Schärpen. Ihre Mäntel waren weiß, die Bären= mützen hatten einen blauen Kolpack, die Fouragirmützen, welche weiß waren, einen hellblauen Rand. — Sie completirten sich übrigens nach dem Etat anderer Husarenregimenter, zu 36 Of= fizieren, 80 Unteroffizieren, 10 Trompetern, 1020 Husaren, 10 Fahnenschmieden, 10 Feldscheerer, 1130 Pferden auf 10 Schwadronen. Prediger, Auditeure, Bereiter wurden den Hu= saren noch nicht gut gethan, weil, wie der König rücksichtlich der Auditeure motivirte, „die Husaren=Vergehen durch Standrecht abzuthun, einer prompten Justiz und Execution unterliegen" müssen.

Leider nahm der Friede, welcher 11. Juni geschlossen wurde, unseren Husaren die Gelegenheit, sich mehr hervorzuthun. Das Regiment marschirte über Breslau in die ihnen angewiesenen Standquartiere Wartenberg, Medzibor, Oels, Trebnitz, Militsch, Stroppen, Bralin, Festenberg, Juliusburg, in deren jedem meist eine Schwadron zu liegen kam.

II.

Die wenigen Friedensmonate.

———

Die Rangliste vom Januar 43 enthält gegen die früheren nur wenig Neues. An Stelle des Majors v. Bursky finden wir einen Major v. Loeben. Bursky war verabschiedet; er hatte Natzmer verklagt, die Klage wurde aber vom Könige niedergeschlagen, sobald man meldete, daß „Burßky fort und außer Landes". Auch v. Trachenberg war Major; der ältere von beiden Stabsoffizieren war jedesmal Commandeur des Regiments. Eingeschoben finde ich, als jüngsten Rittmeister, v. Rumpf; Briesky und ein v. Lobemann waren Stabsrittmeister; der Cornet Schachtenhoff Adjutant. Die Lieutenants standen, ihrer Anciennetät nach, wie folgt: v. Kleist, Stahl, v. Schack, Schwenck, v. Militzky, v. Dingelstedt, Cholevius, v. Podjurski, v. Ziegler, v. Sobeck, v. Bockelmann, v. Ehrenberg, v. Mackah; und die Cornets: v. Buchmer, v. Husarzewski, Venediger, v. Miskowski, v. Wielechowsky, Egner, Seibert, Wehlepp, Schachtenhoff, v. Theah, v. Rebenstock.

Anton Natzmer nahm im Juli seine Entlassung, seine Schwadron bekam v. Briesky. Mit seiner leichten und gewandten Feder mühete sich der Chef, von Festenberg aus, daß man dem neuen Rittmeister „nicht noch einmal vor das Patent" einen Abzug mache, indem er „mit ganz particulairer Hochachtung C. H. ganz ergebenster Diener" sich mit Vor- und Zunamen zeichnete.

Die 4 Husaren-Regimenter Natzmer, Bronikowski, Malachowski und Hobitz, welche in Schlesien garnisonirten, waren Revue. sehr thätig in der Ausbildung. Sie hatten auch das Glück, den König zu befriedigen, als er 43 Schlesien inspicirte. Dieser am 21. Juni Mittags 12 Uhr von Glogau, in Begleitung des Grafen Schwerin, des Erbprinzen Leopold und der Prinzen Ferdinand von Braunschweig und von Hessen-Darmstadt in Breslau eingetroffen, fuhr ohne Aufenthalt durch die Stadt nach Hundsfeld ins Lager, wo die Regimenter unter General v. Marwitz ihn erwarteten. Am folgenden Tage hielt der König die General-Revue ab, „lobte die Fertigkeit und Schönheit" der Regimenter; 23. ließ er die Natzmer Husaren und das Grävenitzsche Infanterie-Regiment die Special-Revue passiren, wieder zu seinem „gnädigen Wohlgefallen".

Die Natzmerschen Husaren wurden noch dadurch ausgezeichnet, daß Löben zum Oberstlieutenant und Zedmar in Stelle des wohl ausgeschiedenen Trachenberg Major wurde. An seinen Bruder, den Prinzen August Wilhelm, schrieb der König noch von Breslau aus: „Mes huzards surpassent touts ceux de Tziten pour l'ordre, ils ont du monde presque comme les dragons et sont très bien conditionéz." Es war einmal Zietens Achillesferse der Friedenssoldat. Mit der Plötzlichkeit seines Hervorbrechens als „Zieten aus dem Busch" sprichwörtlich geworden, war er der Mann des Kundschafts- und Sicherheitsdienstes, wofür in diesem Frieden ein vollständiger Maßstab zur Beurtheilung, der sich im Großen anwenden läßt, noch fehlte.

23. November gab auch des Königs Günstling, Winterfeld, gleich dem Erbprinzen Leopold damals mit Husaren-Angelegen-

heiten betraut, den Schlesischen Husaren-Regimentern „das beste Zeugniß". Es war die Zeit, wo man auch von den Husaren in Preußen mit Friedrich sagen konnte: „La cavalerie acquérait de l'agilité et de l'intelligence." Der Vergleich, der in dem Revuesschreiben mit den Dragonern gemacht wird, erinnert unwillkürlich an des Königs Weisung vom Jahre zuvor, die Husaren so gut zu dressiren, als die Dragoner, da „sie die mehrste Zeit wohl geschlossen, mit dem Säbel in der Faust attaquiren" sollen! Selbstverständlich haben die Husaren schon damals bei der Revue die Exercirübung der Cavallerie producirt, welche mit dem 1. December, wo das Reglement für die Husaren erschien, auch von diesen gefordert wurde.

Eine der Cavallerie und den Husaren gemeinsame Exercirübung.

Das Regiment rückte auf das Commando „Vorwärts Marsch" in kurzem Trabe ungefähr 15 Schritt vor, fiel in starken Trab und attaquirte den Feind auf 90—120 Schritt — die Husaren in vollem Galopp, die Cürassiere wohlgeschlossen im Trabe, späterhin auch im Galopp. Auf „Halt, Richtet Euch" mußten die Leute kurz pariren, sich im Sattel heben, den Degen über den Kopf nehmen und einen Hieb thun. — Der Regiments-Chef commandirte „Marsch", worauf alle Eskadrons nach vorwärts zu, in starkem Galopp, aus- und durcheinander ritten, bis nach ein paar Minuten der Commandeur, rechts von dem Platze, wo man auseinanderjagte, Appell blasen ließ. Es kam nun darauf an, sich „geschwind zu railliren": über die richtigen Neben- und Vorderleute wurde hinweggesehen; aber auch die Husaren sollten dabei, obwohl sie die vorangegangenen Bewegungen zweigliedrig ausführten, die Grundstellung zu 3 Gliedern herstellen.

Wieder rückte das Regiment auf „das ganze Regiment vorwärts Marsch" ungefähr 15 Schritt vor und blieb, in der Linie gerichtet, halten; während die Cürassiere die geschlossene Attake wiederholen mußten, bis sie, wie man annahm, den Feind mit dem Degen in der Faust womöglich in 2 Treffen über den Haufen geworfen. Alsdann sollten sie seine Confusion durch ein Lauf=, resp. Flankeurfeuer aus ihren Carabinern und Pistolen vergrößern. Dazu wurde instruirt, „daß man aus= und durcheinanderjagen ließe, weil niemals eine Eskabron, welche einbricht, geschlossen durchkommt und man gewohnt werden solle, bei Appell sich wieder anzuschließen." — Von den schweren Reitern wollte man keine Schwärmattake. Hierzu muß man sich vergegenwärtigen, daß der König schon in einer Instruction für Cavallerie und Dragoner vom 17. Juli 42 sich ausläßt: „diese vorgeschriebenen Mouvements müssen von den Obersten allemal gemacht werden, überdem aber können dieselben, um ihre Regimenter desto besser in Ordnung zu haben und ihre Rittmeister und Offiziere gewitzigter zu machen, allerhand Dispositiones zu executiren, annoch andere Mouvements mehr machen lassen, wie sie nur wollen; nur müssen sie dabei jederzeit auf eine akkurate prompte Execution und größere Geschwindigkeit halten und daß insonderheit die Schwenkungen geschwinde gemacht werden. Ueberhaupt müssen die Offiziere von der Cavallerie sich nicht einbilden, daß Maj. dem alten Schlender folgen werden werden, sondern Sie werden das Regiment Mouvements machen lassen, wie solche einfallen. Das Regiment, welches solche am besten machen kann, Maj. schließen, daß es am besten in Ordnung sei und wird solches auch den meisten Dank davon haben." Man darf also annehmen, daß unsere Husaren, bei der in Rede stehenden Revue, es an besonderen Productionen nicht haben fehlen lassen, zumal auch ihr Reglement die Erwartung aussprach, „daß einer dem anderen etwas voraus zu thun suchen werde."

Das Husaren=Reglement enthielt auch noch andere Exercir-Recepte. Gegen „regulaire Cavallerie" gingen 2 Eskabrons der Mitte 600 Schritt im Trabe vor, formirten 4 Trupps mit 50 Schritt Intervallen, machten Front und stellten den Feind

Zwei Husaren-Recepte.

vor. Auf „Mit ganzen Eskadrons fällt flügelweise aus" und „Marsch, mit Zügen schwenkt Euch, Marsch" gingen von jedem Flügel 2 Eskadrons in starkem Trabe, zugweise, rechts und links, galoppirten bis 400 Schritt von der Seite der 4 Trupps und schwenkten gegen diese ein, sobald die 1. Eskadron „schröhm im Rücken", die 2. gegen die Flanke stand. Jetzt fielen, nachdem schon während des Vorgehens aus den 3. Zügen dem Feinde einige Rotten einzeln entgegengeschickt waren, von jedem ersten Schwadronszuge 6 Rotten aus, denen die anderen in gleicher Weise folgten, während sich die ersten auf den linken Flügel setzten. Einzeln, weit auseinander, „zwackte man den Feind von allen Seiten, die vom Flügel ausgefallenen auch von hinten, indem man sein Pistol abfeuerte, bis auf das Signal Marsch eine Attaque erfolgte, mit dem Säbel in der Faust und mit Geschrei, von allen Seiten, auch von den 4 Eskadrons der Mitte, die den Flankeurs bis auf 400 Schritt vom Feinde im Schritte gefolgt waren. 12 Schritt vom Feinde wurde gehalten und gehauen; dann Appell geblasen.

Es möchte nicht zu unterschätzen sein, daß man die Attake überhaupt und bis auf eine Entfernung gegenständlich machte, wo in Wirklichkeit das Feuer der Pferde wohl nicht mehr zu zügeln war.

Eine letzte Uebung, welche das Husaren = Reglement vorschrieb, war wohl gegen einen irregulairen leichten Feind berechnet.

Die ersten Züge aller Eskadrons fielen auf „Mit Zügen fällt von die Flügels aus" im Galopp aus, indem sie sich zu 2 Gliedern formirten. Den Säbel in der Hand, „feuerte das 1. Glied den Carabiner ab," dann das 2., „nachdem es vorgerückt war"; das 1. Glied rückte nun vor und feuerte das 1. Pistol ab, dann das 2., das 1. Glied feuerte mit dem 2. Pistole, schließlich 2. Glied: Alles war sauber gedrillt, wie heut zu Tage noch bei der Infanterie, „damit nicht einer den andern todtschieße."

Die ersten Züge kehrten um, wenn sie sich verschoffen hatten und die 3. Züge fielen wie die ersten aus. Sobald diese zurückkamen, gingen die beiden anderen geschloffen, im Galopp, mit dem Säbel in der Faust vor und thaten einen Hieb, die Ausgefallenen zu secundiren.

Den Ansprüchen des Königs zu genügen, mußte schon *Die Husaren Linien-* tüchtig exercirt werden, was auch ein Grund sein mochte, daß *Cavallerie.* man die übrigen Functionen der Husaren, welche im Reglement mit nichten übersehen waren, noch etwas hintenanstellte. Es wurden dafür die bunten Husaren-Corps zu Preußischen Regimentern: man lernte aufmerken und gehorchen; alles trug in erster Reihe dazu bei, die Truppe als Linien-Cavallerie in die Hand zu arbeiten, wie uns Warnery versichert, den ich, ohne seinen Namen zu nennen, schon öfter als Gewährsmann angeführt habe.

Warnery und Seydlitz kamen eben zur rechten Zeit ins *Warnery und* Regiment, bei dieser Arbeit mitzuhelfen. Schweizer von Geburt, *Seydlitz.* hatte Warnery in Sardinischen, Oesterreichischen und Russischen Kriegsdiensten gegen Franzosen und Türken, Schweden und Spanier gedient. Er war Adjutant gewesen und hatte zuletzt eine Grenadier-Compagnie gehabt. Voller Interessen war er ehrgeizig und ebenso unternehmungsluftig als intriguant. Alles wollte er machen, niemand durfte neben ihm bestehen. Für seinen Chef war er eine harte Nuß, zumal er überallhin correspondirte und schriftstellerte.

Anders war Friedrich Wilhelm v. Seydlitz. Als Page in der Schule des ritterlichen, aber wilden Markgrafen Friedrich v. Schwedt, hatte er in dessen Cürassier-Regiment, in welchem schon sein Vater gestanden, den Krieg mit Auszeichnung mitgemacht. Von einer zehnfachen Uebermacht umringt, als er im

Begriff war sich durchzuschlagen, wurde er schuldlos gefangen. Von der Festung Raab, wo er detinirt war, machte er eine Aufnahme, die der Markgraf dem Könige überreichte, der Seydlitz 1743, wie dieser, als Cornet, mit seinem Chef den Berliner Manövern beiwohnte, zum Rittmeister und Eskadrons-Chef des Natzmerschen Husaren-Regiments ernannte, wo er als kühner und eleganter Reiter und guter Kamerad, Herzensmensch und Lebemann sich bald bemerklich machte.

Ein paar Jahre jünger als Warnery — er war erst 21 Jahre alt und gleich diesem im Husarenhandwerke noch neu — kam ihm der Eifer, mit welchem das neue Exercitium „gedrillt" wurde, zu Statten; denn die Taktik war, wie wir wissen, das Element, welches sein Genie einst verklären sollte.

Sich auf der Höhe dieser Technik zu erhalten, correspondirte Natzmer immer fleißig mit Zieten, der gern solche Mittheilungen aus der Residenz machte, welche den Husaren interessirten.

Disposition
vom 25. Juli
1744. Die wichtigste Neuigkeit waren bald die Dispositions des Königs vom 25. Juli 44, „wie sich die Offiziers der Cavallerie in einem Treffen gegen den Feind zu verhalten haben", durch welche die Husaren Zieten, Natzmer und Rüsch als regulaire Truppe in die gewöhnliche ordre de bataille eingereiht wurden. — Rüsch, ein Siebenbürgischer Edelmann, welcher als Rittmeister gegen unsere Ulanen einmal gekämpft hatte, stand Natzmer nun ebenso brav als Gefährter zur Seite. Er war seit Mackerobts Ableben Chef der schwarzen Husaren. Von außerordentlicher Geistesgegenwart und Kühnheit, war er, ein frommer Katholik, gutmüthig, wenn auch nicht ohne Leidenschaft. Er war ein großer Pferdebändiger und Jäger. Sein Aeußeres war martialisch. Auch er ist ein Bildner der Preußischen Husaren geworden, indem er es nicht verschmähte, sich mit den Details der alten Preußischen Schule vertraut zu machen.

Schon sollten auch die Cüraffiere bei der Attale 200 Schritt vom Feinde die Sporen stark geben, den Zügel völlig abandonniren, mit ganzer Gewalt und Geschrei hineinjagen, den Einbruch thun, beide Treffen des Feindes völlig über den Haufen werfen; wobei die ordre de bataille unabänderlich zu conserviren war, die 3 Treffen jederzeit 300 Schritt auseinanderbleiben sollten.

Hinter den Dragonern der 2. Linie sollten hinter deren linken Flügel die Husaren Natzmer, die von Rüsch rechts davon das 3. Treffen ausmachen. Die Zieten=Husaren placirte der König über die Cüraffiere im 1. Treffen, auf deren rechtem Flügel in der Divisions=Colonne, so daß sie die Intervalle der beiden vorderen Treffen bedeckten.

Die Husaren sollten während jener Attale der Cavallerie „den Rücken und die Flanken freihalten", damit diese, auch wenn hinter ihr ein Geschieße, mit nichts anderem als dem Feinde vor ihr zu thun habe.

Wurde ein Flügel unserer Cavallerie repoussirt, so hatte die Reserve „den verfolgenden Feind mit den Husaren von allen Seiten zu attaquiren, der Cavallerie die Zeit zu geben, sich wieder zu sammeln". War der Feind in beiden Treffen geworfen, so sollten „alle Husaren von den Flanken" mit 20—30 Cüraffieren per Eskadron, gemeinhin deren erstes Glied, den flüchtigen Feind verfolgen, ihm keine Zeit zu geben, sich wieder zu setzen, dabei immer suchen die vordersten einzuholen, soviel möglich niederhauen und niederschießen und erst Gefangene machen, wenn bald alles vorbei.

Daß man die Husaren Zieten allein in Verbindung mit den schweren Reitern in dem Cavalleriegefechte verwendet haben wollte, läßt sich vielleicht darauf zurückführen, daß sie größere Pferde und deshalb nach des Königs Meinung vielleicht auch schwerfälliger waren als die anderen Husaren. Nach einer anderen

Fassung der Disposition sollten ihnen übrigens noch 6 Eskadrons vom 3. Treffen „helfen mit nachhauen". Immer aber sollten die übrigen Cürassiere geschlossen 200 Schritt hinter den Ausgefallenen sich halten, indem sie diesen in starkem Trabe als Soutien folgten, welches Friedrich für das Cavalleriegefecht nun accordirte.

Die Husaren von Natzmer und von Rüsch, welche noch im 3. Treffen waren, sollten nun mit den Dragonern „auf die Infanterie einbrechen", sie verfolgen, wenn sie geschlagen und auseinanderläuft, dabei auch ihre „Tête gewinnen", sehen der Infanterie ihre „Retirade abzuschneiden", so viel in ihren Kräften niederhauen oder niederschießen; nachdem ihnen zurufen, „das Gewehr niederzuwerfen und alsdann Gefangene machen, inmittelst immer verfolgen, so viel wie sie nur können, bis die Armee nachkommt".

Während die Cavallerie, „welche tapfer nachsetzte," den Feind nur „bis an die Defilees verfolgen" sollte, mußten die Husaren ihn bis in den Ort begleiten, wo er sich setzen will und noch die Nacht nach der Action immer allarmiren."

Der König meinte, daß die Husaren damit dem Feinde, „absonderlich, wenn er an Büschen, ebensoviel Schaden als bei der Action thun können und fährt er fort, wenn die Armee nachmarschirt, muß der Feind die Flucht fortsetzen und einen unendlichen Verlust dabei haben".

Nun gings ans Railliren: „Nach allem Verfolgen muß Rittmeister seine Pferde zusammenbringen und Leute herbeischaffen, sich so viel als sich nur thun lassen will, wieder complet zu machen."

Dies ist die Instruction, von welcher Conitz in seinen Betrachtungen sagt: „Der Kern wird so lange es Reuterei giebt, seinen Werth behalten." Der Muth, sie mit dem freien Fluge seines Genies zu erlassen, wird aber dem Könige gegeben haben, was er namentlich von unsern Husaren, schon im Felde und bei seinen Besichtigungen im Frieden, gesehen hatte.

Der damalige Unterschied zwischen Cüraffiren, Dragonern und Husaren bestand nach Friedrich „vornehmlich in den Pferden, indem während der Zeit, wo die Husaren in den Armeen stark zugenommen, man gegen solche nothwendig leichte Pferde hat gebrauchen müssen, weil die schwere Cavallerie bei Patrouillen und Recognoscirungen nicht zu gebrauchen ist". Die Remonte der Husaren und der Cavallerie.

„Obgleich die Staaten des Königs genugsam gute Pferde lieferten, so nahm dieser Monarch keins davon in seine Armee. Seine Cüraffierpferde wurden in Holstein angekauft und die Husaren holten die ihrigen aus der Ukraine," lesen wir in Warnery. Uebrigens blieben unter Friedrich die Remontirungsverhältnisse der vorigen Regierung bestehen, nur daß die Lieferung der sogenannten deutschen Pferde, aus welchen sich die Cüraffiere, zum Theil auch die Dragoner remontirten, durch Massow im Ganzen geschah. Der große König urtheilt hart, wenn er von der Cavallerie seines Vaters sagt: „La Cavalerie de même que l'infanterie étoit composée de très-grands hommes, montés sur des chevaux énormes; c'étoient des colosses sur des éléphans."

Seit Friedrich Wilhelm, wie wir von Prinz Gustav wissen, das Pferdemaß heruntersetzte, war „die Größe der Pferde gar nicht so bedeutend, als man allgemein glaubt". Das Durchschnittsmaß unserer Linien-Cüraffier-Regimenter betrug 1844: 5′ 3,63″; während unter Friedrich Wilhelm die Cüraffierpferde 5′ 3,247″ maßen. Das Regiment Katte hatte kein Pferd über 5′ 5″. Und Friedrich setzte 1751 5′ 3″ resp. 5′ 2″ als Minimalmaß seiner Cüraffier- und Dragonerpferde fest, mit dem Zusatze, „wenn sie größer sind, ist es desto besser!" Das Minimum der Größe für die Polnischen Pferde, welche die Dragoner erhielten, wurde erst später auf 5′ herabgesetzt.

Friedrichs schwere Reiterei hatte immer ebenso große, vielleicht größere Pferde als die seines Vaters.

Die Cürassierpferde mußten auch stark und schwer sein, da unter beiden Königen die Cürassiere nicht unter 6' haben durften. Auch war unter Friedrich ein großer Theil der Pferde seines Vorgängers noch im Dienste. Diese Pferde mußten geschont werden, wollte man sie im Stande erhalten, woran die That= sache nichts ändert, daß sie in den Regimentern, welche deutsch beritten waren, die Großthaten der Reiterei mit ausgefochten haben. In der Armee philosophirte man wie folgt: wenn es nur den Choc beträfe, werden große, gut genährte und geübte Pferde einigen Vortheil geben, allein da dieses nicht geschehen kann, ist es besser, welche zu haben, die Fatiguen ertragen . ., den geschlagenen Feind auch noch verfolgen können: das werden nie große Pferde im Stande sein zu thun, besonders wenn sie mit Gras erhalten sind. Man hat bei tausend Gelegenheiten gesehen, daß Eskadrons, die große Pferde ritten, von anderen geschlagen sind, die gegen sie nur Klepper hatten."

Keinenfalls konnte den Husaren mit großen Pferden ge= dient sein. Wir finden, daß schon Prinz Eugen die Bemerkung machte, ohne damit einen Tadel hervorzurufen, daß die Husaren= pferde in Preußen u n t e r dem normirten Maße waren. Es erhellt aber nicht ihre Größe. Wir wissen nur, daß Friedrich Wilhelm bei der Errichtung des Husaren=Corps 4zöll. Leute einstellte; auch Friedrich „keinen Rekruten über 4" und worin noch Wachsthum war" haben wollte, und daß das Dienstreglement forderte, die Husaren sollten „leicht" und „adret"; „die Pferde gut und von gehöriger Größe sein." — 1751 setzte das Mi= litär=Cabinet unter Massow dies Maß auf 5', 4' 11", 4' 10" fest; aber das bei den Polnischen Remonten angewandte Maß war einen Zoll kürzer als das für die Deutschen Remonten! Man verstand unter der Polnischen Remonte Pferde aus der

Moldau, Wallachei, Volhynien, Podolien, Bessarabien, der Ukraine, Krim, Neutscherkessien und einigen Kosacken-Distrikten.

Schon das Dienstreglement forderte: „Ein Husar zu Pferde so adroit seyn soll, daß er, wenn das Pferd im vollen Lauffen ist, mit der Hand von der Erde etwas aufheben und einer dem andern in vollem Jagen die Mütze abnehmen kann; die Husaren-pferde müssen alle auf den Schultern geritten u. auf b. Kruppe gewandt werden, damit ein Husar sich auf einen Platz wie Thaler groß mit seinem Pferde tummeln und wenden kann, wie er will . . . Die Husaren, deren Pferde nicht in gutem Stande, wenn der Feind auf der Flucht, nicht folgen" können und „wenn sie gezwungen, die Flucht zu nehmen, dem Feinde in die Hände fallen." Das gesteckte Ideal mochte man den deutschen Pferden nicht zumuthen, denn, heißt es, „ein gutes deutsches Pferd mit trockenem Futter gehörig genährt und in Odem gehalten wird in einer Carrière von 600 Schritt einem polnisch-tartarischen vorkommen, aber weiter wird letzteres länger aushalten, dahin-gegen ersteres, wenn man es forciren will, gegen Sporn und Zügel unempfindlich wird."

Schon 1730 wurden den Husaren in Preußen „polnische Pferde gegeben, soweit die von der türkischen Gränze nicht aus-reichten". 31 ließ der König für die Berliner Husaren aus Ungarn Pferde holen.

Den polnisch-tartarisch-moldauischen Pferden gab man den Vorzug vor den ungarischen, „denn diese sind seit 50 Jahren ungemein ausgeartet, vermuthlich, weil man nicht gesucht hat, Beschälers aus der Türkei zu ziehen". Man hielt die Gegenden, welche der Pruth und Don auf ihrem Laufe durchschneiden, für die besten zur Remonte: das Friedericianische Reglement bestimmte deshalb den Husaren Wallachische und Ukrainer Pferde.

In der That war die Pferdezucht in jenen Gegenden aus-gezeichnet. Wild und zügellos liefen die Pferde in den fruchtbaren üppigen Wiesen und in den Waldungen umher, was ihnen eine Härte und Ausdauer, Lebhaftigkeit und Gelenkigkeit gab, die man anderwärts kaum für möglich hielt.

Die Gutsbesitzer trieben den Handel im Großen, trieben die Pferde zusammen und verkauften sie wie auf Märkten. Jedes Regiment schickte unter einem Stabsoffizier ein Commando an den Dnjester, wo die Pferde meist auf Poln. Boden von türkischen und jüdischen Händlern empfangen wurden. Ich finde, daß das Regiment Natzmer sich einmal in Scalat an der türkischen Gränze beritten machte. Sonst waren solche Stationsorte: Mohilew, Janow, Piskow, Choczim. Später wurden die Pferde auch in den Gestüten selbst aufgekauft; ein Lieutenant v. Baczko, welcher das Bosnische und Wallachische sprach, erhielt zuerst den Auftrag hierzu. Der König stellte es den Regimentern frei, es auf die eine oder andere Art zu machen.

Mein Gewährsmann giebt, nicht ohne Grund, der alten Methode den Vorzug. „Ein Offizier kann nicht sogleich Pferde, wie er wünscht, finden, als ein Roßkämer, der die Orte weiß; der sich nicht betrügen lassen wird, wie ein Offizier, der vielleicht in seinem Leben keine solche Commission hatte."

In Zeiten der Noth wurde der Bedarf durch Lieferanten gedeckt; späterhin geschah auch der Ankauf der Polnischen Pferde im Ganzen.

In Preußen stand unter Friedrich die Pferdezucht auf sehr niedriger Stufe und hat, unter den vielen Kriegen, wenig oder gar keine Fortschritte gemacht. Nur die mit weiser Vorsicht erhaltenen Neutralitäts- und Friedensverhältnisse mit Polen, Hannover, Dänemark, als Ursprungsländern der damaligen Kriegspferde, ermöglichten den Ersatz der Polnischen wie der Teutschen Pferde.

Freilich machten die schlechte häusliche Erziehung, der angreifende Transport, der Wechsel des Klimas und das Temperament manches Polnische Pferd in der Dressur unterliegen, zumal man für den geringen Preis von 31—32 Thlr., welche das Reglement von 1751 den Husaren zugestand, ein Pferd von der Güte nicht erhalten konnte, welches Friedrich ebendaher seiner Garde du Corps mit 68³/₄ Thlr. bezahlte. Was aber die Lebensveränderung überwand, war ungemein tüchtig und hart.

Auch nimmt man an, daß die Pferde unter Friedrich durch die passendste Behandlung zu Anstrengungen befähigt wurden, während sorgfältige taktische Uebungen, mit Berücksichtigung des Wesentlichen im Kriege, eine bessere Anleitung der Offiziere und deren durch fortdauernde kriegerische Beschäftigung steigende Erfahrung, strenge Disciplin und die Abstellung mancher Unterschleife das Uebrige thaten, die Reiterei zu heben. Die gewöhnlichen Anstrengungen beim Exerciren und bei Märschen sind nicht bedeutender gewesen, als in der jetzigen Zeit. Wenn man auch, die Pferde in Athem und Thätigkeit zu erhalten, auf rapide Bewegungen und tägliches Ausreiten und Ueben hielt, so wurde doch überall eine große Schonung des Materials beobachtet, nicht zu viel exercirt und durch das tägliche Herausbringen jede größere Zumuthung minder fühlbar gemacht. Diejenigen Anstrengungen der Pferde, die aus dem Tragen und der mangelhaften Führung stets wechselnder junger ungeübter Reiter hervorgehen, kamen bei der langen Dienstzeit der Leute wenig vor, bei welcher ein Cavallerist wohl 2, 3 und mehre Pferde von der Einstellung bis zu seinem Abgange ritt, nicht umgekehrt, wie jetzt, ein Pferd 3 oder 4 Cavalleristen ausbilden helfen mußte. Bei den Märschen wurde ebenfalls mehr als in der neueren Zeit auf Schonung der Pferde gesehen. Die Bewegungen der Armeen waren langsamer, natürlich mit Ausnahmen, auch der Husaren, deren Pferde die härteren waren. „Für gute Unterkunft und Verpflegung der Pferde waren fast immer die befriedigendsten Vorkehrungen getroffen, die in den neueren Feldzügen, in welchen ganz andere Massen unter veränderten Verhältnissen zu versorgen waren, nicht überall möglich gemacht werden konnten. Die Friedensverpflegung kann insofern als besser, wie die jetzige bezeichnet werden, versichert ein Sachverständiger, weil

1) wenn auch weniger Hafer, mehr Heu und Stroh gegeben wurde;

2) die Hülfen, welche aus der Grasung und Naturallieferung vom Lande zu ziehen waren, dem gewandten Eskadronsführer zu Statten kamen;

3) das Ernährungsbedürfniß der gegen jetzt kleineren Pferde geringer war."

Die Rekrutirung und das Verhältniß der Natzmer Husaren zum Civil. In den neuen Provinzen gabs keine Cantons für die Reiterei; jedes Infanterie-Regiment hatte aber jährlich 30 Leute für die Husaren zu liefern, die sich übrigens zwanglos durch Freiwillige rekrutirten. Den Natzmerschen Husaren soll es an Zulauf nicht gefehlt haben, da Offiziere und Mannschaften bald mit den Einheimischen auf bestem Fuße standen. Manche Heirath zwischen beiden Theilen spricht dafür.

Den 9. März 45 gab der König den Wunsch zu erkennen, die Offiziere möchten zu ihren Domestiquen gelernte Jäger nehmen. Man erkannte hierin ein Zeichen für den Wiederausbruch des Krieges. Die folgende Antwort des Oberst Natzmer d. d. Trebnitz 1. April führt uns in die Schwierigkeiten der Rekrutirung ein:

„E. M. Befehl habe den Offizieren meines Regiments angezeigt und will äußerst dahin streben, daß sich dieselben zu ihren Domestiquen Jäger annehmen.

„Auch habe mir seit einiger Zeit alle ersinnliche Mühe gegeben, per Eskadron 10 Jägers anzuschaffen, bin auch soweit reussirt, daß bereits 60 Mann lauter tüchtige Leute bei Regiment habe. Da mir aber diejenigen, so hiesige Kinder sind, reclamirt werden und von den Regimentern zu den Cantons gerechnet werden wollen, hingegen bei Fremden und Vaga-bonds keine Sicherheit finde, also mir die Erreichung meiner Absichten unendlich schwer wird, So bitte a. E. K. M. geruhen, a. zu befehlen, daß mir die Jägers, so im Lande anwerbe, da ohne dieses solche Leute selten in den Canton. bleiben, von Niemand reclamirt werden dürfen."

Der König genehmigte die Bitte schon wenige Tage später.

Die Rekrutirung gab oft Differenzen mit den Civilbehörden. So hatte sich der Schreiber des Landrath v. Blacha bei unseren Husaren engagiren lassen, wurde aber reclamirt, weil er seinem früheren Herrn für irgend welche Sache noch haften sollte. Der König entschied, der Mensch sei zur Bestrafung auszulie-fern, könne demnächst aber engagirt werden. Auch sonst ging es nicht ohne Differenzen zwischen dem Civil und einem und dem andern Offizier des Natzmerschen Regiments zu. Auch Seydlitz war eine Ursache hierfür. Den Landrath zu necken, stellte er wohl in einer Schummerstunde, wo dieser von Trebnitz auf sein Gut ging, Feldwachen aus, deren Posten ihn als einen Ver-dächtigen zu einem Unteroffizier geleiten mußte, welcher sich indeß entschuldigte, indem er ein Mißverständniß vorschützte. Aber kaum wieder auf dem Wege nach Hause wurde der arme Herr von der gegnerischen Wache belästigt, bis der Major ihn be-freite, ohne aber einen Zweifel darüber zu lassen, daß man ihn für allerlei Anzeigen bei dem Obersten, mit welchem er in gutem Vernehmen stand, habe strafen wollen.

Noch schlimmer hat Seydlitz den Damen des Trebnitzer Klosters mitgespielt, weil sie ihm schlechte Fourage lieferten. Mitten in der Nacht alarmirte er die Garnison und ließ die Husaren, indem er einen Ueberfall supponirte, aus ihren Carabinern feuern, bis man sich zu besseren Lieferungen verstand. Fuhren die

Damen durch einen Hohlweg über Land, erschreckte er sie wohl durch einen Sprung über sie weg.

Er ließ von diesen Tollheiten nicht ab, bis man ihn verklagte. „Glücklicherweise," berichtet er selbst, „nahm die fatale Sache einen günstigen Ausgang." Der König erklärte sich damit einverstanden, daß der General Marwitz, an den die Klage gekommen, sich noch einmal darauf beschränkte, „sämmtlichen Offizieren des Regiments anzudeuten, sich in ihren Quartieren gut zu comportiren, damit den Bürgern keine Ueberlast geschehe; im Falle sie aber etwas zu prätendiren hätten, sollten sie sich deßhalb bei Kriegs= und Domainen=Kammer und bei ihm melden." Aber „ich hatte," erzählt Seydlitz, „um nicht wieder in einen solchen unsicheren Handel zu kommen, genug zu thun, meine Offiziere und Freunde zurückzuhalten, daß sie es nicht zu bunt machten."

Wenige Monate früher war, wohl aus ähnlicher Veranlassung, der Cornet v. Venediger auf 1 Jahr nach Glogau in Arrest gekommen.

Später findet sich der Rittmeister de Manget in Glatz auf Festung. Cassirt und dann begnadigt ist er 1749 in Warschau von dem bekannten Friedrich v. Trenck in einem Duell getödtet worden.

III.

Der zweite Schlesische Krieg.

———

Die Natzmer Husaren wurden an einem heißen Julitage allarmirt, versammelten sich am Abend im Stabsquartier Militsch und marschirten den folgenden Morgen nach Breslau. Die 12 Tage, welche man reglementsmäßig nöthig hatte, sich an Bagagepferden und Mannschaften zu completiren, werden ihnen nicht gefehlt haben. Schon 3. Juni hatte der König ein Commando des Regiments, welches bei Neisse auf Postirung stand, durch Malachowskische Husaren ablösen lassen.

13. August erschien das Kriegsmanifest. Als die einzigen ihrer Art der Colonne des Grafen Schwerin zugetheilt, die den böhmischen Boden bei Braunau beschritt, fiel den Husaren Natzmer auch die Obliegenheit zu, welche der König für diesen Feldzug noch persönlich einschärfte: „muß immer eine Partie Husaren gebraucht werden, bei dem Corps die Desertion zu verhüten." Es war dies Vertrauensamt eben sehr von Nöthen. Auch Husaren=Regimenter, wie das neuerrichtete 8. von Hallasch, welches bei dem Corps in Oberschlesien zurückblieb, hatte viele Desertionen zu beklagen, wogegen selbst der soldatische Charakter eines Major v. Schütz nicht aufkommen konnte.

Wir haben es im Jahre 1866 aufs neue erfahren, daß immer Maßregeln nothwendig sein werden, die eigene Armee in Feindesland, wenn auch nur vor dem Marodiren zu schützen. Es ist aber interessant, angesichts unseres Volksheeres, aus dem die moralisch unwürdigen Elemente principiell verbannt sind, in den principes généraux zu lesen, welchen Werth der König selbst auf den Besitz einer desertionslustigen Seele legte, wenn der Mann nur ausgebildet war. „Mais ce qui peut se dire d'autres armées n'est point applicable à la nôtre: qu'un homme maladroit déserte et qu'il soit remplacé par un lourdaud, c'est la même chose; mais qu'un soldat qu'on a dressé deux ans de suite pour lui donner le degré d'adresse nécessaire sorte du corps et qu'il soit mal ou point du tout remplacé, cela tire à conséquence à la longue; . . . ne voit on pas que la négligence des officiers du petit détail a abimé des regiments entiers?"

Die Desertionen zu verhüten, mußten „die Husaren kleine Potrouillen um der Armee herumthun. Zwei bis drei Mann stark, gingen sie, von $1/4$ zu $1/4$ Stunde, beständig, eine auf die andere, in der Zeit, wo es dunkel war, rund um das Lager herum." Auf dem Marsche sollten, wenn die Infanterie durch ein Holz passiret, „Husaren-Patrouillen seitwärts gehen": allemal „damit von der Armee nichts durchkommen" könne.

Eine Begebenheit.

Schwerin, welcher über Königsgrätz, Pardubitz, Kolin, Brandeis vor Prag rückte, wo er schon 31. eintraf, hatte auf seinem Marsche nur einen unbedeutenden Zusammenstoß mit dem Feinde in einem Dorfe bei Nachod, an dem auch unsere Husaren betheiligt waren.

Der Abgang der Polnischen Remonte.

Als vor Prag ein Bataillon abcommandirt war, berechnete man die Stärke der zurückgebliebenen Husaren Natzmer auf 17 Offiziere, 48 Unteroffiziere, 5 Trompeter, 9 Fahnenschmiede, 509 Husaren, 489 Pferde. 65 Pferde waren gedrückt, während

5 Eskadrons v. Hallasch, welche in Oberschlesien verblieben, die Märsche nicht hatten, 139 gedrückte Pferde hatten. Bekanntlich war schon in Friedenszeiten der Abgang bei der Polnischen Remonte überall enorm: der Etat von nur 6 Thalern für das ausrangirte Pferd reichte kaum hin, den jedesmaligen Ausfall zu decken. Im Felde kosteten die außerordentlichen Ansprüche, welche an die Husaren gemacht wurden, viel. Jedenfalls hatten sich die Natzmerschen Husaren vor den anderen nicht zu schämen. Mit gerechtem Stolze erzählt der Veteran, daß „Zieten die Freude aus den Augen strahlte, als er das wirklich schöne Regiment" seines Freundes Natzmer vor Prag sah.

19. September brach der General v. Nassau mit 10 Bataillonen, ebenso vielen Dragoner-Schwadronen und den Husaren-Regimentern Zieten und Natzmer von Prag auf. Er sollte sich der Städte Tabor, Tehn, Frauenberg, Budweis und Wodnian bemächtigen und zum Voraus Veranstaltungen treffen, „daß J. M., wenn Sie mit der übrigen Armee folgen würden, allenthalben das Benöthigte an Vivres und Fourage vorräthig fänden."

Nassau.

Gleich am ersten Tage wurden beide Husaren-Regimenter, welche die Avantgarde gaben, bis zur Sazawa vorpoussirt, die Miesteczkower Brücke zu occupiren. 20., wo Nassau sich bei Beneschau lagerte, während der König noch bei Kundratitz stehen blieb, wurden in der Gegend Ausschreibungen gemacht, Fourage für die Armee rückwärts nach Miesteczkow zu liefern. Das Reglement schrieb den Husaren vor, wie dabei zu verfahren war. „Man sollte die Ausschreibungen in der Nähe des Feindes möglichst in der Nacht, überall, wo es angebracht, ansagen, für alle Fälle von den vornehmsten Einwohnern Geißeln mitnehmen und nicht eher loslassen, bis die Lieferungen erfolgten; wo diese zu der angesetzten Zeit ausblieben, sollten die Städte und Dörfer, nachdem man damit gedroht, angesteckt werden."

Die Ausschreibungen.

Recognoscirung des v. Loeben.

Am 21. stieß Dieury, als er mit den Regimentern Zieten und Natzmer bis Miltschin vorging, auf etliche 40 feindliche Husaren, welche sich aber zurückzogen. Auf die Nachricht, welche hiervon der commandirende General erhielt, wurde der Oberstlieutenant von Loeben vom Regiment Natzmer mit 300 seiner Husaren detachirt, allenthalben, vorzüglich an der Moldau, zu recognosciren, ob der Feind „Brücken geschlagen habe und sonst von dem Bathianischen Corps etwas zu vernehmen." „Bei solchem Commando mußte nach dem Reglement ein Offizier, so viel möglich evitiren, sich mit dem Feinde einzulassen; man sollte sich heranschleichen, mit 2 oder 3 der besten Husaren in der Dämmerung durchschleichen und sehen: — es sei denn, daß der Feind viel schwächer und man gewiß — gute Beute oder Gefangene zu machen." Loeben, der bei „Amschelburg auf nur 150 feindliche Husaren traf, warf diese über den Haufen, indem er ihnen einen Verlust von 15 Todten und 6 Gefangenen beibrachte. Die Gefangenen und einen feindlichen Deserteur schickte Nassau an J. M." — Loeben verlor nur 1 Todten, aber 16 Blessirte; man hatte sich tüchtig gewehrt.

Am Abend 22. brach Nassau persönlich mit den Husaren, seinen, den Dragonern Louis v. Würtemberg und einem Grenadier-Bataillon in größter Stille auf, wußte in der Geschwindigkeit die in den Wäldern gemachten Verhaue, trotz Regen und Sturm zu öffnen und langte am 23. früh vor Tabor an. Die Husaren bekamen Ordre, die feindlichen, welche sich bei Klokot gesetzt hatten, anzugreifen. Die Zietenschen machten den Anfang; sie griffen mit solcher Bravour an, daß man sich bis in die Stadt retiriren mußte. Der Feind that „noch 3 verschiedene Ausfälle, wurde aber jedesmal mit Verlust", auch von den Natzmerschen Husaren zurückgejagt. Was an Husaren nicht engagirt war, folgte mit den Dragonern als Unterstützung den Kämpfenden auf dem Fuße.

Tabor.

Es ist lehrreich, daß in der Stadt, welche capitulirte, vor allem für das Gros der Armee ein Hauptmagazin und eine Bäckerei angelegt wurde, wozu man Oefen aufbaute; nur nebenbei wurde das Husaren-Corps der Avantgarde für einige Tage mit Brod und Fourage bedacht.

Nach der Einnahme von Budweis zog Nassau mit seinen beiden Husaren-Regimentern und 2 Bataillonen Fußvolk über die Moldau gegen Frauenberg. Das Schloß liegt auf einem hohen, steilen Berge, dessen Fuß auf einer Seite die Moldau bespült; Teiche, Moräste und Festungswerke schützen die andere Seite. Nur ein schmaler Damm führte zwischendurch aufs Schloß. Als man ihn betrat, ließen die Oesterreicher ihn mit allen Kanonen bestreichen. Rechts und links desselben vertheilt drang die Infanterie durch die Moräste bis an das andere Ende des Dammes vor, wo man, unter dem Feuer der hochliegenden Werke, gesichert war, während „die Reiterei im vollen Laufe über" den Damm ging. So eingeschlossen, capitulirte der Commandant; uns kostete die Affaire nur wenige Leute und Pferde.

Frauenberg.

Als Nassau bald darauf zur Armee stieß, welche auf dem linken Ufer der Moldau bei Wodnian lag, erntete er das Lob des Königs; Zieten wurde Generalmajor und am 12. October, wo das Hauptquartier bei Bechin war, des Obersten Natzmer Bruder, Wolf, der erst 3 Jahre Rittmeister war, in des wegen Alters abgehenden Zedmar Stelle Major. Gleichzeitig wurde ein Fähnrich v. Natzmer vom Cretzk'schen Infanterie-Regimente, Hans Carl Gottlieb von der Sächsischen Linie, Lieutenant.

Avancements.

25. Morgens rückte der König mit 4 Grenadier-Bataillonen und den Husaren Zieten und Natzmer aus seinem Lager bei Konopischt recognosciren.

Kammerburg.

26., wo der König bei Porzitz über die Sazawa nach Pischeli zurückging, weil der Feind ihm in Rücken und Flanke stand, wurde Nassau mit jenem Corps detachirt, welches ihn berühmt machen sollte. Er bekam 9 Bataillone und wahrscheinlich 30 Schwadronen. Die Natzmerschen, seine einzigen Husaren, erhielten „die Avantgarde der Avantgarde", von der sie reglementsmäßig 1000 Schritt vorpoussirt wurden. Sie hatten in solchem Falle ihren eigenen Vortrupp mit sogenannten „Mausepatrouilles" vor und seitwärts, „die fleißig patrouilliren und bey Zeiten melden mußten, wenn sie Feindliches gewahr wurden, ohne sich bis auf weitere Ordre mit dem Feinde einzulassen". Sie sollten auch „dem Feinde die Lebensmittel benehmen, indem sie Leute, welche victualien nach der feindlichen armée bringen, ausplündern, einen feindlichen convoy abschneiden, fourage und vivres ihnen abnehmen, die feindlichen Läger so besetzen, daß sich keiner trauen durfte, Lebensmittel in selbiges zu bringen."

Unter den schwierigsten Verhältnissen, wo ringsum Feinde und Mangel, haben die Husaren Natzmer die Anerkennung gefunden, daß „sie dem Gros gleichmäßig Brod und Sicherheit schafften."

Auf dem halben Wege nach Kammerburg trafen unsere Husaren auf die Oesterreichischen und warfen sie zurück. Bei K. setzten sich die Oesterreicher. Nassau ließ in der Entwickelung einige Geschütze auffahren und aus jeder Compagnie und Eskadron deren 2 formiren, um dem Feinde glauben zu machen, daß unser Corps das stärkere sei. Man sieht, in der preußischen Armee waren solche Täuschungen schon beliebt, nicht erst seit Gotha durch Seydlitz. Da man nur durch eine einzige enge Passage an den Feind kommen konnte, besetzten 2 Bataillone Infanterie, unterstützt von den Natzmerschen Husaren den Eingang zum Defilee, rückten, als der Feind, welchen unsere Artillerie fleißig beschossen hatte, in Bewegung kam, in das Defilee und besetzten es oberwärts. Später folgten dem durch eine Umgehung zwischen 2 Feuer gekommenen Gegner die 2 Bataillone

und die Husaren. Die letzteren verfolgten noch seine Arrier=
garde, soweit es sich thun ließ, bekamen auch verschiedene Ge=
fangene.

31. October marschirte Nassau bis Neu=Collin und besetzte Collin.
den Posten. Für die Natzmer'schen Husaren kam eine anstren=
gende Zeit. Wenn schon auf dem ganzen Rückzuge es gegolten
hatte, jedes Bund Stroh mit dem Säbel in der Faust zu er=
obern, mußte nun gegen eine Uebermacht, ganze Schaaren leichter
Völker, Stand gehalten werden. Auch galt hier das Motto:
„Il ne faut jamais se fier aux rivières." Es waren überall
Husarenposten auszustellen und immer Patrouillen vorzuschicken,
um von allen Bewegungen des Feindes zu wissen. „Der alte
Husar" will damals, als Lieutenant bei naßkaltem Wetter an
der Elbe patrouillirend, 8 Tage und Nächte kaum eine Stunde
außer dem Sattel zugebracht haben.

Als man 19. Morgens Kanonendonner hörte, schickte Nassau
aufs neue ein Commando unserer Husaren auf Kundschaft. Bald
brachte „der alte Husar" einige Gefangene, die aus Erkenntlich=
keit dafür, daß man sie nicht plünderte, den Uebergang der feind=
lichen Armee bei Telczitz verriethen.

Der Chef belobte für die prompte Auskunft den Patrouillen=
führer. Nassau, welcher gleich erkannte, daß sein Corps abge=
schnitten war, dachte nur an seine Wiedervereinigung mit dem
Könige, welcher in Wischenowitz stand. Natzmer forderte seine
Offiziere auf, in den nun kommenden Gefahren ihre Thätigkeit
gewissermaßen zu vervielfältigen; waren diese doch die einzigen
Husaren, wenn nicht die einzigen Reiter des Corps.

Nassau ließ die Truppen nochmals, „sich für die bevorste= Nassau's
Rückzug.
henden Anstrengungen zu stärken", zum Essen in die Quartiere
gehen; dann führte er sie über die Elbe, ließ die Brücken hinter
sich abwerfen und jenseits ein Lager beziehen. Als es dunkelte,

mußten so viel Feuer brennen, als nur möglich. Bald standen alle Bäume und Zäune in Flammen; inzwischen brach das Corps in der größten Stille auf, was aber bis zum anderen Tage verborgen blieb, da die Lagerfeuer die Nacht über durch ein Husaren-Commando, zu welchem „der alte Husar" gehörte, unterhalten wurden.

Nassau marschirte bis Podiebrad, ruhte den 20. und zog die Detachements in Böhmisch Brod und Nieuburg an sich. Immer in der Nacht, marschirte er 21. bis Königsstadtl, 22. bis Neu-Bidzow, wo seine Vorhut österreichische Fouriere vertreiben mußte, 23. bis Nechanitz, von wo er sein Gepäck nach Königgrätz vorausschickte, indem der Feind in Chlumetz und Barchow ihm an den Fersen klebte.

Truppweise zwischen der Infanterie-Bedeckung vertheilt, mußten die Husaren bei der Bagage, wenn diese Defilees, wie den Paß von Nechanitz, passirte, sich zusammenziehen und bis sie passirt, en bataille rangirt, halten bleiben. Auf dem Marsche hatten sie „Seiten-Patrouilles zu thun, um zu avertiren, wann und wo der Feind herkommt. Fällt er in die Bagage, sollten alle Husaren, die in der Nähe, sich zusammenziehen, mit selbigem escarmuchiren, ihn zurückjagen, nicht zugeben, daß er etwas wegnehme und sollten die Husaren von der Infanterie soutenirt werden."

Als 24. November das Corps bei Wesnitz zur Armee stieß, hatte es auf seinem Rückzuge nichts verloren, obgleich der Train unterwegs auf 3000 Wagen angewachsen war. Wenn alle Kenner diese Retraite für ein Meisterstück halten, hatten auch die Natzmer Husaren, die dem Feinde zunächst, ihm immer an der Klinge saßen, Theil daran. Ihrem Corpsführer verlieh der König in schmeichelhafter Weise den Orden vom schwarzen Adler, welchen er selbst trug.

Der König trat in 3 Colonnen den Rückzug von König- Nach Schle-
fien.
grätz an: zu der Nachhut unter Truchseß gehörten auch unsere
Natzmer Husaren.

Bei Neu-Pleß an der Metau hatte man ein kleines Gefecht, in welchem man den Panduren 40 Mann tödtete und
bleffirte. Glücklicher Weise war diesen braven Leuten das Geschrei einiger Schweine in einem Dorfe das Zeichen zum Waf-
fenstillstande. So wurden auf jede Weise „die feindlichen Husaren
und Panduren brav geklopft".

27. langte „das weiße Husaren-Regiment um 12 Uhr in
Landshut an". Dem General du Moulin zugetheilt, kam es
in die Umgegend von Schmiedeberg zu liegen, um durch fleißiges
Patrouilliren Kundschaft aus Böhmen zu ziehen.

14 Tage später wurde allarmirt, um unter Nassau der ehe- Naffaubefreit
Einfiedel.
maligen Besatzung von Prag zu Hülfe zu ziehen. Natzmer trieb
die Seinen zur Eile an. Am 13. erreichte das Corps Friede-
berg. Der Chevalier de Saxe hatte dem General Einsiedel, der
das Prager Corps führte, bei Wüst-Olbersdorf den Weg nach
Schlesien, Arnim, der die sächsischen Cordontruppen befehligte,
bei Lichtenberg den nach Sachsen verlegt. So eingeengt, lagerten
die Einsiedelschen Truppen in einem engen, von Morast und Wald
umgebenen Raume auf purem Schnee: die Zelte waren verbrannt, die Lebensbedürfnisse beinahe aufgezehrt, man mußte auch
die Nacht gegen die fortwährenden Angriffe der leichten Truppen
unter dem Gewehre bleiben. Schon entliefen ganze Pelotons.
Der schimpflichsten Auflösung zu entgehen, entschloß sich Einsiedel, nachdem er das Gepäck verbrannt und die Kassengelder
unter die Offiziere vertheilt hatte, in der Nacht zum 14. rück-
sichtslos gegen Friedland vorzugehen, in welcher Richtung er das
Corps, welches ihn entsetzen sollte, vermuthete.

Im Nassauischen Corps war man noch ohne alle Nachrichten, als Seydlitz in jener Nacht schießen hörte. Er meldete dies

seinem Obersten, der mit einigen anderen Offizieren eine kleine Bauernstube theilte und rückte auf dessen Geheiß mit seiner Schwadron, die inzwischen schon hatte satteln müssen, aus. Bald meldete man Wachfeuer. Seydlitz eilte persönlich mit einem Zuge voraus, um zu recognosciren; während der Rest der Schwadron mit „Halt, Werda?" gestellt wurde. Man hatte Sachsen sich gegenüber. Statt zu antworten, wurde eingehauen. Einige Gefangene gaben bald Gewißheit über Einsiedel. In einer Stunde war alles unterwegs: unsere Husaren im Vortrab gings gegen den Feind, welcher aber vorzog, sich nach Reichenbach abzuziehen, um nicht zwischen zwei Feuer zu kommen. Durch die Thätigkeit unserer Husaren war die Prager Besatzung befreit.

Winterquartiere. Die Natzmer Husaren kamen in die Gegend von Ottmachau und Neisse in die Winterquartiere. Bald wurden die sonst elenden Quartiere der Schauplatz der Fröhlichkeit. Die Lithauer und Polen, welche im Regimente noch vertreten waren, sind Freunde des Tanzes und der Musik und auch Schlesiens Töchter sind tanzlustig. Die Eltern mußten diese dazu hergeben, wollten sie mit den Husaren gut stehen. Die gemachten Beutegelder und die Muttergroschen der Wohlhabenderen boten zu den Vergnügungen die Mittel. Auch der im Dienste gestrenge Seydlitz fehlte nicht auf dem Tummelplatze der Freude, unter dem Vorwande, auch hier nach dem Rechten zu sehen.

Dabei wurde es nicht vergessen, sich zu retabliren. Schon sorgte man, daß der Ersatz frühzeitig zur Stelle war, denn es wurde darauf hingewirkt „que les jeunes chevaux et les nouveaux cavaliers soient bien dressés." Dies zu erreichen gab's „des louanges aux officiers qui en ont soin et des réprimandes sévères à ceux qui les négligent, car il y a des négligents, des paresseux partout." Auch die alten Soldaten wurden exercirt, „pour les entretenir dans l'habitude."

Unsern Husaren war der Ersatz eben sehr noth. Gleich den Husaren Rüsch hatten sie hier nach den Abcommandirungen von 6 Schwadronen nur 340 Mann Anfang Februar unter Gewehr; 4 Eskadrons, welche um Breslau stationirt waren, vereinigten sich erst Ende April mit den anderen. Jedes Jahr waren die Husaren-Regimenter der beiden ersten Schlesischen Kriege fast neu. Sie wurden Winter und Sommer von einem Feinde zum andern gejagt, ohne in ein Quartier zu kommen. Ein Bauer war in 8 Tagen enrollirt, montirt und zu Fuß exercirt; hierauf gab man ihm ein Pferd und schickte ihn gegen den Feind. Dabei mußte man nicht so geschwind einen guten Husaren als einen guten Reiter zu bilden. Ersteres ist kein Werk von einem Jahr, nicht einmal von 2, erklärt Warnery. Aber der Krieg mußte helfen, die Cavallerie zu bilden. Man verstand in dem Rahmen von gedienten Unteroffizieren und Leuten, zur Ausbildung im Husarendienste jeden Moment in Krieg und Frieden zu nutzen. Auch werden damals dem Ersatze, der häufig, wenn nicht in anderen Regimentern, in anderen Armeen gestanden hatte, die Elemente des Einzelreitens, der Disciplin auch des preußischen Dienstes weniger fremd gewesen sein als heut zu Tage.

Die Winterruhe wurde unterbrochen, als der Fürst Leopold den Feind aus Schlesien jagen wollte. Dieser räumte bald Neustadt, indem er die Brücke hinter sich abwarf, während Seydlitz mit seiner Eskadron durch den Fluß setzte und etwa 30 Husaren gefangen nahm, die sich verspätet hatten. 14. Januar kamen die Natzmerschen Husaren mit den Bronikowskischen nach Füllstein; ihnen folgte das Gros am 15. 16. drangen die 4 Husaren-Regimenter Zieten, Malachowski, Bronikowski und Natzmer bei Jägerndorf vor. „Wir mußten die Nacht bei sehr großer Kälte, dabei es immer arg schneite, auf dem Felde unter freiem Himmel

Nach Jägerndorf und Troppau.

liegen bleiben, dabei sehr vielen Leuten die Hände, Füße, Nasen und Ohren erfroren."

19. wurde Nassau mit 3 Husaren-Regimentern und 8 Bataillonen nach Troppau detachirt. Natzmer kam nach Gilschowitz. Bis zum 30. weiß man nur von Patrouillen und Commandos. In der folgenden Nacht meldeten unsere Husaren, daß der Feind in den benachbarten Dörfern seine Truppen zusammenziehe.

Radun. Die Trenck'schen Husaren stationirten in und um Radun; die Natzmer'schen scharmutzirten täglich mit ihnen. 5. wurden „wir mit Anbruch des Tages mit der größten Force attakirt. Wir waren viel schwächer, hielten aber ihren Angriff dreimal aus, hieben uns bis Mittag mit ihnen herum und nöthigten den Feind mit Verlust den Weg zu nehmen, welchen sie gekommen waren." Ihn mit einem Schlage zu vertreiben, wurde in der Nacht der General v. Bronikowski mit den Husaren und einem Bataillon detachirt. Noch vor Tagesanbruch wurde der Feind eingeschlossen. Seine Vorposten, welchen wir auf dem Fuße folgten, warfen sich Hals über Kopf in den Ort. „Unsere Husaren exercirten aber trefflich das Niederhauen." Sie hieben 50 Husaren und Panduren nieder, 50 nahmen sie gefangen und verloren selbst nur einen Husaren.

Nach Oberberg. Nassau sollte auch aus der Gegend von Oberberg die Insurgenten vertreiben. Das Regiment Natzmer kam den 8. dazu. Zur Unterstützung von Malachowski, der detachirt 5 Eskadrons und 2 Bataillone bei sich hatte, ging Nassau 9. mit 7 Bataillonen und den Husaren-Regimentern Bronikowski und Natzmer **Ratibor.** nach Ratibor. Den Nachmittag griffen „wir" den Ort auf 3 Punkten zugleich an. Bald drangen die Husaren, „welche sehr hitzig waren," mit dem Feinde in die Stadt, dessen Rückzug durch Einsturz der Oberbrücke in völlige Flucht ausartete. Es wurden 350 Mann gefangen, ebenso viel sollen ertrunken, über

100 getödtet und verwundet fein. Die Preußen verloren nur
2 Mann. Naffau meldete: „Ich kann E. K. M. nicht genug=
fam die Bravour der fämmtlichen Hufaren rühmen." Der
König ernannte wegen ihrer, wie er ausdrücklich bezeugte, erwie=
fenen großen Bravour Malachowski zum Major und Schütz
von Hallafch in Stelle des verstorbenen Loeben zum Oberst=
lieutenant und Commandeur des Natzmerfchen Regiments.

Wieder kamen Natzmerfche und Bronikowskifche Hufaren Wieder Trop=
pau.
zur Postirung nach Troppau, die erfteren „in die Vorstadt
hinter Troppau über der Oppawa". „Da die feindlichen Hu=
faren aus Grätz faft alle Tage unfere Feldwache attakirten, ließ
Markgraf Carl, der an Stelle des Fürsten das Commando über=
nommen hatte, alle Tage ein Piquet von 50 Pferden von beiden
Regimentern commandiren. Immer „aber noch die feindlichen
Hufaren faft alle Tage unfere Feldwache beunruhigten, daß ich
zuweilen in einer Stunde zweimal mit dem Piquet herausgerückt,
denn wenn wir herauskamen, jagten fie fort und wenn wir
wieder eingerückt waren, kamen fie wieder. Indeß erwifchte ich
einige Male einige Hufaren."

Man befchränkte fich diesmal mehr auf eine paffive Ver=
theidigung, die aber immer noch verfchieden war von der den
„Reuters" auf Postirung zugedachten Rolle:

Wenn diefe „von leichten Feinden attaquirt werden, follen
diejenigen, welche die Wacht haben, folche durch ihr Feuer —
fo man zu Fuß machen läßt — fo lange abhalten, bis die
übrigen gefattelt und zu Pferde kommen."

Uebrigens exponirte man faft immer nur die Hufaren.
Sie, als die einzig leichten, waren damals das Ideal für den
Dienst aller Waffen. Die Generale der Cavallerie forgten gern,
„daß ihre Reuter und Pferde bis an den hellen Morgen fchlie=
fen," meint Warnery. Auch die Infanterie pflegte man noch zu
fchonen. Erst als man, „den Croaten die Stirn zu bieten,"

die Freibataillone errichtete, dachte man daran „in avancirten Quartieren auch die Husaren zu decken."

Nach Glatz. 28. April, wo der König die Feldarmee auf beiden Ufern der Neisse um Patschkau concentrirte, standen unsere Husaren mit denen von Soldan und Rüsch unter General du Moulin im nördlichen Theile der Grafschaft Glatz. Schütz, der 28. Februar den pour le mérite erhielt, hatte schon 1. März bei Reinerz 15 Panduren gefangen. Jetzt wurden die Husaren Natzmer dem Obrist von Winterfeld zugetheilt, der sich mit 3 oder 4 Grenadierbataillonen, 50 Jägern, 10 oder 15 Schwadronen Husaren und 8 Geschützen, 2400 Mann stark, um Landshut zu postiren hatte, um das Land gegen Streifzüge zu decken und einen Hauptschlag mit dem Feinde herbeizuführen.

20. Mai stieß Schütz auf die Vorhut der Oesterreicher, welche mit 6000 Mann im Anmarsch war.

Reichhen-nersdorf und das Railli-ren. 21. Abends überfielen 300 Oestr. Husaren unsere „Husaren-Feldwache". Diese zog sich aber so geschickt zurück, daß die Husaren im Lager noch Zeit fanden, aufs Pferd zu kommen. Es müssen dies die Husaren Natzmer gewesen sein. Ein ähnlicher Ueberfall von 800 feindlichen Husaren fand am folgenden Morgen um 4 Uhr statt. Die Vorposten, welche vom Regiment Soldan waren, trieben den Feind vor sich her; aber nach der Meinung der Feuerköpfe des Natzmerschen Regiments mußte man ihn beim Durchzug durch Reichhennersdorf mehr bedrängen. Echt cavalleristisch brachen Malachowski, Seydlitz und Warnery, wohl auf das Geheiß ihres Chefs durch die Intervallen des Soldanschen Regiments, griffen den Feind mit glücklichem Erfolge an und jagten ihn bis zum Dorfe hinaus. Aber eben im Begriffe bei dem Defilee von Fallbrink auch Husaren Esterhazy in den Rücken zu kommen, wurde auf Anordnung des Oberst Soldan Appell geblasen, der die Seinen, die mit den Natzmerschen untermischt waren, sammeln wollte. Alle Husaren kehrten nun aufs eiligste zurück, und der Feind machte „rechts um kehrt": Wir aber wurden bis ins Dorf zurückgetrieben. Warnery persönlich war gezwungen vom Pferde zu steigen, um nicht gefangen zu werden. Hätten wir schon im Gebrauch ge= habt, uns auch im Avanciren zu railliren, würde uns dieser Vorfall nicht begegnet sein. Der König verordnete deshalb, man solle ferner sich um den Commandeur, der alsdann zurückbleiben müsse, nur sammeln, falls man, um zu plänkern oder den Feind zu verfolgen, vom Flügel detachirte. Wenn aber die ganzen Eskadrons chokirten, wo alles durcheinander, sollten die Com= mandeure, zum Railliren mit avanciren, bis sie die Tête ihrer immer avancirenden Trupps erreichten. Unser noch jugendlicher Husar, Rittmeister Seydlitz, soll zu dieser Neuerung an dem Tage von Reichhennersdorf den Anstoß gegeben haben.

Im weiteren Verlaufe des Gefechts lockte der hier klassische Landshut. Winterfeld den Feind von einer vortheilhaften Position, welche dieser auf einer sturmfreien, steilen Anhöhe hatte, herunter, indem er einen Theil der eigenen Streitmittel noch zurückhielt. Freilich drangen feindliche Leichtbewaffnete einzeln gegen die gegenüber= liegenden Höhen, wo Winterfeld war, vor, bedrohten auch seinen Rücken und die Panduren gingen auf einen vorspringenden Busch los, der mit Jägern gespickt war. Während sie „ein paar hun= dert Schritte über das freie Feld" liefen, machte aber Seydlitz, „der mit 100 Pferden hinten herumgeschickt war, sie anzufallen," ihrer über 50 nieder. Wären „die schwarzen? Husaren" nicht zu hitzig gewesen, würde er mehr als 100 bekommen haben.

Trotzdem ging der Busch verloren, während die Jäger sich vorwagten, wurde aber mit einer Bajonnet=Attake, welche Win= terfeld persönlich führte, wieder gewonnen. Jedoch blieb der Feind im Avanciren. Den Husaren war die Entscheidung vor= behalten; — sie wurden vorgezogen, als die Generale Stille und Möllendorf mit ihren Schwadronen aus Hartmansdorf und Gieß=

mannsdorf eintrafen; und wurden sie am Fuße des Berges formirt, „den Feind bergan zu attaquiren". Dieser machte anfänglich ein starkes Feuer; allein da unsere Husaren sich dadurch nicht abhalten ließen und die Dragoner ihnen frisch nachfolgten, mußte der Feind weichen und den steilen Berg gleichsam heranklettern, welchen fast mit ihm zugleich unsere Husaren heraufkamen, die ihm nicht Zeit ließen, sich wieder zu setzen, sondern immer frisch darauf gingen — obwohl der Feind von 6 Uhr alles that, was man von herzhaften Völkern erwarten kann, uns in Unordnung zu bringen. — „Ich glaube nicht," sagt Winterfeld in seinem Berichte, „daß jemals Truppen in der Welt einen Feind so attaquirt haben, als Euer Maj. Husaren. Der Oberste von Natzmer hatte die difficilste Attaque, war aber dennoch mit 5 Eskadrons zuerst hinauf."

Während die Dragoner sachte nachfolgten, „wirthschafteten schon wieder die Husaren terrible mit den Panduren, welche sie in der Retraite hatten: von der Höhe bis in den Thiergarten konnte man nicht 10 Schritt reiten, wo man nicht zu 3, 4 und mehr theils Todte, theils in den letzten Zügen Liegende antraf, denn die Husaren gaben keinen Pardon.

Was ihnen in die Hände gerathen ist Alles massacrirt worden. Sie würden auch den Oberst Pattetschütz niedergehauen haben, wenn nicht ein Offizier dazu gekommen wäre, nachdem P. bereits 4 Hiebe empfangen hatte."

Der Feind hatte nämlich Gefangene mißhandelt, auch mochten die Husaren von „der Montur des Trenck'schen Corps profitiren wollen, welche mit Silberblech beschlagen war". Die Husaren, welche sich im Nachhauen vertieften, sammelte übrigens der Oberstlieutenant v. Schütz. Er formirte mit dem Rittmeister Seydlitz 2 Eskadrons, zog sich ganz stolz zurück, ohne einen Mann zu verlieren und fiel noch einmal den Feind, obwohl dieser viel stärker war, mit Erfolg an, als Winterfeld ihm die Flanke deckte. „Haben auch gewiß Ew. Maj. an dem Rittmeister v. Seydlitz einen Offizier, der nicht zu verbessern ist": lauten Winterfelds eigene Worte.

Der Verlust der Husaren betrug 2 Offiziere, 47 Mann todt oder verwundet, 1 Offizier, 16 Mann gefangen vom Preußischen Gesammtverlust von nicht über 170 Köpfen; auch sind 38 Pferde todtgeschossen. Die Oesterreicher, deren Verlust man auf 1000 Mann berechnet hat, warfen auf der Flucht noch mehr als 1000 Gewehre und Säbel von sich)

Dagegen haben „unsere Husaren, als die Oesterreicher 24. eine Recognoscirung versuchten, sich so geschlossen gehalten, daß sich auch kein Einziger unterstanden, uns zu folgen, auch nicht einmal von Ferne".

Uebrigens lag es jetzt im Plane, sich, den Feind im Auge und ihn neckend, rückwärts zu bewegen, um ihn in die Ebene zu locken.

28. campirten die Regimenter Natzmer und Rüsch, mit ihrem rechten Flügel, an Niederkunersdorf. Seydlitz brachte von den Vorposten die für den General du Moulin unbequeme Meldung, daß seine beiden Adjutanten Bardeleben und Borne, im Begriffe einen Lagerplatz für 1. Juni zu recognosciren, gefangen seien. Du Moulin wurde an diesem Tage, wo der König ein Lager zwischen Schweidnitz und Jauernick bezog, als dessen Avantgarde nach Striegau vorgeschickt, mit 7 Bataillonen, 10 Schwadronen Möllendorf und den Husaren Natzmer, Soldau, Rüsch. — Er postirte sich zwischen Striegau und Stanowitz. Während die vorliegenden Höhen dem Feinde unsere Armee verbargen, gestatteten sie unseren Vorposten Einsicht in die Entwickelung seiner debouchirenden Kräfte. Er zog sich nach Jauer, der König concentrirte sich um Striegau. Schon am Abend des 3. nahm du Moulin die vorwärts Striegau belegenen, dominirenden Kuppen

des Fuchsberges ein, wo leichte Reiterei vom feindlichen linken Flügel, der fast nur aus Sachsen bestand, gewesen war; den gegenüberliegenden Georgenberg hielten noch die Sachsen mit 5 Compagnien und 2 Geschützen, unter v. Gersdorf besetzt. Sie waren durch den General v. Schlichting mit 4 Bataillonen des Oberst v. Schönberg, die Chevauxlegers von Rutowski und 5 Ulanen-Pulks gedeckt.

Hiergegen marschirte du Moulin am folgenden Morgen beim Rechtsabmarsch der Armee, an der Spitze der zweiten äußeren Colonne, anfangs durch einen lichten Tannenbusch gedeckt, dann aber beschossen durch die Geschütze und das Kleingewehrfeuer der verschanzten Sachsen, die sich aber zurückzogen.

„Unsere Kerls," erzählt der alte Husar, „waren außer sich vor Freude über den angeblichen Befehl, welcher von Mund zu Mund ging, den Sachsen keinen Pardon zu geben. Ihre Begierde an den Feind zu kommen, war so groß, daß wir Offiziere kaum im Stande waren, unsere Züge in Ordnung zu halten. Dragoner, Husaren, Grenadiere kamen auf dem beeilten Marsche im Seitwärtsziehen durcheinander. Schüttelten wir darüber den Kopf, wußte Seydlitz nur zu lächeln".

Schon bebordirte du Moulin den Feind und eilte die Reiterei und das Fußvolk des rechten Flügels der Armee sich in Linie zu setzen, als man sich auch auf das Commando der Führer auf den Feind stürzte. Seydlitz, erzählt einer seiner Offiziere, flog an seiner Eskadron hinauf, ließ einschwenken und einhauen. Die Natzmer Husaren hatten mit 2 Eskadrons Dragonern den rechten Flügel. Sie brachten die Dragoner Schlichting dermaßen in Confusion, daß diese die Hände auf den Sattel legten und um Pardon riefen, aber kein Sachse bekam Pardon; erbittert, richteten die Husaren ein förmliches Massacre an. Der Herzog v. Weissenfels, der seine Truppen, die überrascht waren, ordnete, ließ seine Reiterei der preußischen entgegengehen, welche unter

General Rothenburg den Angriff aufnahm, aber von Carabiniers flankirt wurde. Diese drangen sehr rigorös bis zur Brigade Stille vor, welche in der 2. Linie stand, wo von der Avant= garde gleich den Dragonern auch Natzmer Husaren waren, viel= leicht nach der ersten Attake sich raillirt hatten.

Wie der Blitz brach Warnery den Carabiniers in die Flanke, die umzingelt geworfen wurden. „Das schöne Cara= binier=Regiment ist von den Natzmerschen Husaren totaliter ruinirt worden." Diese eroberten ihre silbernen Pauken und nahmen 112 Mann, darunter den Lieutenant v. Cornabowski, ge= fangen. Seydlitz persönlich hat an diesem Tage den General Schlichting gefangen genommen, indem er ihm die Zügel vor der Hand abhieb und sein Pferd ergriff; nach anderen that dies Georg Conrad v. Goltz, Commandeur der Gensdarmes, der auch auf diesem Flügel unter Rothenburg focht.

Der Chok mit den Sachsen war allgemein; aber noch bei Pilgramshain wurde die verbündete Reiterei dieses Flügels, ob= wohl der Herzog sie in Person anführte, in einem neuen Angriffe so auseinander gesprengt, daß sie bei den ferneren Begebenheiten theilnahmlos blieb. Die Oesterreicher hatte man nicht dazu bringen können, den Degen zu ziehen.

Bald kam jetzt auch das Fußvolk der Sachsen ins Gedränge. In der Front von unserer Infanterie attakirt, in der rechten Flanke durch Reiterei bedroht, fand es hinter einem Damme mit Defensivflanken kurze Zeit den nöthigen Halt, unter den Augen der Generale Rothenburg und Meyer eine Attake der Preußischen Reiterei mittelst der Decharge abzuweisen. Nach Warnery „soll man deshalb das Geräusch und Pfeifen der Kugeln, welches Mann und Pferd erschreckt, durch ein Geschrei auf barbarische Art übertönen."

Als unsere Cavallerie die letzten schützenden Reiter zerstreute, ging die Infanterie immer mehr gedrängt zurück. Wieder wurde attakirt, 4 Compagnien unter Oberſt Schönberg wurden faſt aufgerieben, er ſelbſt, den wir ſchon kennen, getödtet. Zu dieſer Zeit mögen die Huſaren Natzmer die Grenadier-Bataillone Xavier und Rieſemeuschel niedergeritten haben — der Major v. Ma-lachowski den Obriſt, unter welchem er einſt im Sächſiſchen ſtand — der Lieutenant v. Ehrenburg, welcher von Geburt ein Schwede war, den Cornet v. Holtzendorf, den Wachtmeiſter und 43 Mann vom Gersdorfſchen Regimente gefangen genom-men haben. Ehrenburg alias Ehrenberg zeichnete ſich an dieſem Tage durch ſeine Bravour ungemein aus. Er iſt ſpäter mit dem Verdienſtkreuze geſchmückt. Zum Einbrechen war nach Friedrich der Moment benutzt worden, wo die Infanterie zu weichen anfing. „J'ai remarqué dans toutes les actions que j'ai eues avec les Autrichiens, que, lorsque le feu de la mousqueterie a duré un quart d'heure, leurs bataillons tourbillonnent à l'entour de leurs drapeaux; à Friedberg notre cavalerie donna dessus et en fit grand nombre de prisonniers."

In 8 Angriffen hatte unſere Reiterei vom rechten Flügel alles auf dieſer Seite über den Haufen geworfen, bevor noch die übrige Armee ins Gefecht gekommen war. Der Hohenfried-berger Sieg, welchen Geßler ſo herrlich ausbeutete, war hier ſchon, nicht ohne weſentliche Hülfe unſerer Huſaren entſchieden.

„So hat die armée, cavalerie, Infanterie und Huzaren ſich nihmahlen distinguiret; dieße Sache iſt die beſte, die ich geſehen habe und die armée ſich surpasiret hat": lautete das ehrende Urtheil des Königs. Es handelte ſich nicht mehr um einzelne Truppentheile, welche die Anerkennung des Königs wohl ſchon früher gefunden hatten. Die Huſaren im beſonderen, welche in dieſem ganzen Feldzuge ſchon alles ange-griffen hatten, ohne auf die Zahl und Gattung ihrer Gegner Rückſicht zu nehmen, hatten hier auch in geſchloſſenen Eskadrons, eine Frucht der reglementariſchen Exercirübnungen, ſo gut als die beste schwere Cavallerie gefochten." In diesem Sinne konnte der König von dieser Schlacht eine neue Epoche datiren.

Gegen alle Kleiderordnung hat Camphausen auf seiner berühmten Hohenfriedberger Parade den damaligen Rittmeister Seydlitz der Natzmer Husaren als Cürassier dargestellt. Der Künstler mochte den jungen Helden, den Stern ihm zu denten, mit dem schwarzen Adler schmücken; er durfte aber ihm nicht den Hauch und die so reiche Jugend und den Schmelz als Husar und dem Regimente, welchem er dieß wichtige Decennium seines Lebens über angehörte, die Ehren eines Seydlitz verkümmern.

In der Verfolgung trabten bei Reichhennersdorf sämmtliche Husaren — 48 Eskadrons — darunter die Natzmerschen und 2 Dragoner-Regimenter vor und warfen sich mit gewohnter Kraft auf die Husaren der feindlichen Nachhut, tödteten unter anderen den Obrist Seerlitz des Regiments Nadasdy, nahmen über 100 Mann gefangen, befreiten 200 Preußische Husaren, welche durch ein Versteck aufgehoben waren und zerstreuten den feindlichen Rest. Wieder konnte du Moulin dem Könige melden: „Nos husards ont fait merveille"; nur wurde der Major v. Malachowski von den Natzmerschen Husaren „gefährlich in den Kopf gehauen". — 8. Juni findet sich der Major v. Natzmer mit 300 Pferden nach Schmiedeberg commandirt.

Die Krone als Partheigänger sollte Hans Adam Heinrich von Schütz mit den Natzmer Husaren zu Theil werden. Von sächsischer Herkunft, hatte er bei den churfächsischen Trabanten, dann in Russischen Diensten gestanden, bevor er als Major von Hallasch Husaren in Preußische Dienste trat. Nur 30 Jahre alt, hatte er sich auch dadurch schon einen Namen gemacht, daß er von einem „überlegenen Feinde gedrängt, den Rückzug mit Intervallen angab," welchen der König die „Schützsche Retraite" nannte. Leider machte sich Schütz bei seinen Hin- und Herzügen durch schonungslose Grausamkeit verhaßt. Nur, um

Reichhennersdorf.

Schütz.

dem Feinde Erkundigungen abzuschneiden, ließ er arme Land-
leute, welche seine Wegweiser gewesen waren, niederhauen. Das
Sengen und Brennen soll ihm eine Luft gewesen sein. Als der
König ihm Natzmer's Regiment gab, wollte er diesen Gräuel-
thaten Einhalt gethan wissen. Wirklich soll es auch gelungen
sein, den Mann zu mäßigen: jene Wegweiser wurden entlassen,
ohne daß ihnen ein Leid geschah. Es mag sein, daß Seydlitz
hierbei gute Dienste leistete; innerlich stand dieser Schütz so
fremd, daß Varnhagen in Beziehung auf des Letzteren frühen
Heldentod sagt: „Seydlitz wurde den Wütherich los".

22. Juni hatte Schütz für eine Passage über die Adler bei
Hohenbruck Brückenmaterial herbeizuschaffen. Als der König eine
Nacht kanoniren ließ, mußten unsere Husaren längs der Adler
von einem Posten zum anderen jagen und mit ihren Pistolen
schießen, um durch ihr Harceliren den Feind zu zwingen, unter
Waffen zu bleiben. — Die Husaren setzten öfter durch den Fluß
und beunruhigten den Feind auch jenseits der Elbe.

Bald nach dem 28. kam unser Regiment, mit Ausnahme
von 200 Commandirten, die man mit den Husaren Rüsch und
Zieten unter du Moulin bei Russeck postirte, bei Slatina zu
liegen. Unsere leichten Truppen durchstreiften das umliegende
Land nach allen Seiten. Schütz drang mit seinen Husaren bis
in die Gegend von Prag vor und kam reich beladen zurück. Den
Sachsen nahm er eine Anzahl Remontepferde ab. 6. Juli war
er auf dem anderen Ufer der Elbe. Einige Tage später wohnte
er mit mehreren seiner Offiziere in Schmiedeberg, welches er
passirte, einer Schulfeier bei, auf der bezüglich des Hohenfried-
berger Tages die Tugenden des Brandenburgischen Hauses in
gebundener und ungebundener Rede gefeiert wurde. Natürlich
ließen es die Zuhörer an Beifall nicht fehlen. Zu derselben
Warnery. Zeit hatte Warnery unfern Königsgrätz ein kleines Gefecht.
„Zwischen unserem Lager und dem Gebirge war ein Vorwerk,

aus dem die Kroaten schossen, wenn wir fouragirten. Man
mußte in dem Gebäude Posto fassen oder es abbrennen. Ich
nahm, erzählt Warnery, mit meinen 100 Pferden die König-
grätzer Landstraße, unterdessen 100 andere zur rechten, ebenso
viele zur linken Seite marschirten.“ — Natürlich sagt Warnery
nicht, wer commandirt, er fährt aber fort: „Ich theilte meine
100 Pferde in 3 Trupps en echellon und galoppirte mit dem
kleinsten nach dem Vorwerke, welches in Brand zu stecken mir
Mühe kostete. Als es aber gelungen, zog ich mich auf die anderen beiden Trupps zurück, wobei 600 Kroaten, welche sich aus
dem Vorwerke in die Gräben geworfen hatten, mich verfolgten.
Im Schießen erhitzt, bemerkten diese nicht, daß sie dabei in
trockenes Terrain kamen. Ich machte deshalb Kehrt, säbelte 35
nieder und machte einige Gefangene. Der König sah dem Scharmützel mit Vergnügen zu.“

Am 14. rückte Schütz mit vielen erbeuteten Pferden und
einer Summe, die er contribuirt hatte, wieder glücklich ins Lager.
Er hatte einen schweren Stand gehabt. „1000 teutsche Reiter
unter Colowrat, der Oberst Bartoscewitz mit seinem Pulk
Tartaren und Desöffy mit seinen Husaren“ hatten sich gemüht
ihn aufzuheben, der vom ganzen Lande gefürchtet wurde.

17. wurde Schütz nach Gitschin detachirt. In Horzitz angekommen, entsandte er einen Rittmeister mit 120 Pferden nach
Miletin und blieb mit den ihm noch übrigen 60 alias 80 Pferden zurück, seine Ausschreibung zu decken. Hier wurde er 18.
vom Oberstlieutenant Desöffy und Rittmeister Haller mit einer
großen Uebermacht rettungslos überfallen. Schütz mochte seine
Schmach nicht überleben: Er stürzte sich in den Feind und wurde
mit 20 seiner Leute, mit Wunden bedeckt, niedergehauen;
40 Offiziere und 47 Mann wurden gefangen. Auch der Oeko-
nomie-Aufseher mit etlichen 1000 Thalern, die er den Preußen aus-
zuantworten im Begriffe stand, wurde mitgenommen. Der König

schickte, sobald er von dem Mißgeschick hörte, einen Trom=
peter ins feindliche Lager, um über Schütz's Schicksal ins Klare
zu kommen. Später hat er diesen einmal gegen den Sohn, um
seiner Thätigkeit willen als Partheigänger, den rechten Schöpfer
seiner Husaren genannt. Von gegnerischer Seite erkannte er
nur noch Desöffy den Ruhm zu, daß er sich auf den kleinen
Krieg verstanden habe.

Es war eben die Zeit, wo der König mit Recht schreiben
konnte: „Hier haben wiehr noch immer die Superiorität in
Partien und Detachemens So gar über den Feindt" und „hat
es unsere Cavalerie dahin gebracht, daß sie vom Feinde recht
respectiret wird, Reuter und Cürassier müssen Huzaren Dienste
thun und gehet Guht." Diese Erfolge machten aber den König
so wenig sicher, daß er den Befehl erneuerte, die Patrouillen
sollten nicht unter 100 Mann sein und den Husaren sollten
Cürassiere und Dragoner mitgegeben werden.

Seydlitz. Das Avancement, welches Schütz's Abgang nöthig machte,
Ein Unfall. blieb dem Regimente. 28. Juli wurde „Seydlitz, der erst 24
Wolf
Natzmer. Jahre alt war, aber schon über sein Alter im Kriege gereift
und namhaft geworden war, Major."

26. August büßte „unter allgemeinem Bedauern" der Oberst
Natzmer „4 schöne Schimmelstuten dadurch ein," daß der wirk=
lich unermüdliche Desöffy bei Hustirzan im Rücken der Armee
dessen Packknechte, welche zu einer Fouragirung gehörten, über=
fiel, während die Infanteriebedeckung noch nicht heran war.
6. September versuchten 200 feindliche Husaren, angeblich vom
Leibhusaren=Regiment Prinz Carl unsere Vorposten des Nachts
zu überfallen, wurden aber „von dem Herrn Major v. Natz=
mer dermaßen empfangen, daß sie Säbel, Carabiner und Man=
telsäcke bei ihrer eilfertigen Retirade verloren haben." Wolf
Natzmer war seit Schütz's Abgang der Commandeur des Re=
giments.

18. September marschirte unsere Armee, da Nadasdy nach Nahorzan vorging, „linker Hand Jaromirs über die Elbe ab. Unsere Packknechte wurden dabei von feindlichen Husaren etwas gejagt, die Husaren Natzmer repoussirten sie aber gar bald. Ohne etwas erschnappt zu haben mußten die Feinde leer abziehen." Das Lager wurde bei Miskols genommen. Gegen Abend scharmutzirten die Oesterreichischen Husaren und Panduren wieder mit den Natzmer Husaren und ließen einige Todte und Gefangene."

19. passirte man bei Liebenthal „zwischen 2 Wäldern ein entsetzliches Defilee". Man wurde von den leichten Truppen des Feindes lebhaft bedrängt. Hieß es im Reglement: „gegen Husaren können die Husaren per Eskadron einen Zug schwärmen lassen; weil aber aus allem Husarenschießen nichts wird, müssen die Regimenter den Feind, wofern er schwächer, wohlgeschlossen mit dem Säbel in der Faust attaquiren," äußert sich der König bezüglich dieser Affaire: „lorsqu'on se retire par les plaines, on chasse les hussards par quelques coups de canon, et les pandours par des hussards, quils craignent beaucoup." Er erläutert dies mit den Worten: „les pandours se jettent à terre et tirent des coups que l'on ne voit pas d'où ils partent" . . . Die Husaren sollten gegen sie „mit 1 oder 2 Zügen mit einem großen Ungestüm ausfallen und den Feind gleich zu renversiren suchen": „serrés et le sabre à la main."

So geschah es auch bei Liebenthal, „wo die Panduren aus dem Gehölze stark auf uns schossen". Franquini lag im Wege; v. Malachowski, der an der Spitze einiger hundert Natzmer Husaren die dortigen schroffen Felsen erkletterte, auf welchem der Gegner in einem von unserer Infanterie umstellten Gehölze war, vertrieb ihn. Wir können uns einen Begriff von der Bedeutung dieser Affaire machen, wenn wir recht

[Marginalie:] Malachowski bei Liebenthal.

würdigen, was der König von derselben in der Geschichte seiner Zeit gesagt hat: „Dies Unternehmen, gewiß das kühnste, was die Reiterei unternehmen kann, erwarb Herrn v. Malachowski den höchsten Ruhm." Die Husaren verloren 20 Todte und 40 Verwundete.

Soor. Im Lager von Staudenz war unsere Armee von den feindlichen Parteigängern so umschwärmt, daß der General v. Katzler, welcher 29. September mit einem Grenadier=Bataillon, 500 Dragonern und ein paar hundert Natzmerschen Husaren recognoscirte, Abends 8 Uhr zurückkam, ohne wesentlich anderes, als diese leichten Völker gesehen zu haben, obwohl die ganze Oesterreichische Armee, seit Mittag im Anmarsch, nur ¼ Meile vom Lager übernachtete. Man hatte nur in Erfahrung gebracht, daß der Feind im Begriffe stand, einen großen Schlag zu thun. — Die Natzmerschen Husaren, welche nach der ordre de bataille auf dem linken Flügel des 2. Treffens stehen sollten, wurden heute, in ihren 5 Eskadrons, die zur Stelle waren, auf 17 Offiziere, 41 Unteroffiziere, 4 Trompeter, 309 Mann zusammengeschmolzen, 400 Schritt vom rechten Flügel des Lagers exponirt; auf den Höhen gegenüber Burkersdorf wurden Vedetten postirt. Reglementsmäßig hatten die Husaren „weite Vorposten, vor der Armee." Die Feldwacht von den Husaren „wurde eine gute Ecke vor der Feldwacht von der Cavallerie" vorausgesetzt, etwa ½ Meile vom Corps ab, damit der Feind dies nie überfallen konnte. Nun waren aber die Pferde unserer Husaren schlecht im Stande und sie selbst von Fatiguen ermüdet, denn als die einzigen Husaren dieser Armee, hatten sie einen so beschwerlichen Dienst, daß man nicht einmal die Vorposten täglich ablösen konnte. Natzmer ließ daher absatteln, da man auf seiner Seite ein Zusammentreffen mit dem Feinde nicht vermuthete und, als man, beim Dämmern, feindliche Reiter bemerkte, die Husaren noch abgesessen, einen halben Flintenschuß bis an einen Graben vorrücken, um sich, mit hochgenom=

menem Carabiner, vor einem Ueberfalle zu sichern, während die Pferde geschont wurden. Kaum ging aber, wie es scheint durch Seydlitz, die Meldung ein, daß der Feind sich gegenüber formire, war von der Erschöpfung nicht mehr die Rede. Natzmer ließ den Carabiner beistecken, satteln und zu Pferde den Säbel ziehen: der Graben wurde passirt, eine stärkere feindliche Husarenabtheilung geschlossen angegriffen und in das Gehölz gejagt, aus dem sie nicht wieder zum Vorschein kam.

Inzwischen war die übrige Reiterei unseres rechten Flügels rechts abmarschirt und dem Bataillenberg gegenüber, unweit Neu-Rognitz aufmarschirt. Das ganze Heer folgte dieser Bewegung. General Buddenbrock ging mit seinem Regimente und den Gensdarmes zur Attake vor. Da das Terrain unsern Husaren nicht gestattete, von ihrem ersten Gefechtsfelde aus die feindliche Cavallerie zu flankiren, machten diese links um, passirten einer nach dem anderen einen Graben, verlängerten den Cavalleriefügel, warfen in kürzester Zeit mit den Cüraffieren alles nieder, was sie antrafen und erbeuteten eine Standarte. 12 Preußische Schwadronen, darunter 2 oder 3 Eskadrons Natzmer Husaren, schlugen hier etwa 50 Schwadronen, obwohl man im lebhaften Geschützfeuer vorging. „Ich kann auf meine Ehre versichern," schreibt Buddenbrock, „daß ich noch keine Aktion erlebt habe, wo die Cavallerie ein solches starkes Bombenfeuer hat aushalten müssen." Die gegnerischen Reiter, Carabiniers und Grenadiere zu Pferde, die Elite der Oesterreichischen Cavallerie, hatten, einen steilen Grund im Rücken, dicht aufeinander gepackt, 3 Treffen hoch mit nur 20 Schritt Distance, die stürmenden Gegner erwartet und waren geworfen, noch ehe sie ihre blanke Waffe aus der Scheide genommen hatten.

Freilich versichert uns ein Augenzeuge: „Niemals hat eine Cavallerie mehr Beweise von Muth, Entschlossenheit und Ueberlegenheit gezeigt, als hier die Preußische." Warnery, indem er

6*

uns mit dem Antheile bekannt macht, welchen sein Regiment an dem Siege hatte, philosophirt, diesmal wohl nicht ganz unrichtig: „Mich dünkt, daß dies wohl verdient erwähnt zu werden, allein es ist das Schicksal der Preuß. Husaren, daß ihre vortrefflichen Thaten oftmals in Vergessenheit gerathen sind." — Seydlitz wurde durch einen Carabinerschuß leicht in den Arm verwundet.

Rückzug. Nachdem der König 5 Tage, gleichsam der Ehre wegen, auf dem Schlachtfelde gestanden, führte er seine Truppen nach Trautenau. Unsere Husaren finden wir zwischen Silberstein und Weigelsdorf. Es ging langsam nach Schlesien. Dabei „fielen täglich Scharmützel vor, in denen sich besonders die Natzmerschen Husaren auszeichneten". 13. warfen sie den vordringenden Feind zurück und nahmen 11 Mann gefangen.

Warnery. Schon vor Soor hatte Warnery mit nur 100 Pferden zu dem Zwecke detachirt, das schlesische Gebirge, in welchem Desöffy mit 300 Pferden herumstreifte, zu decken, ihrer etwa 60 niedergesäbelt, 1 Major, 1 Rittmeister und 42 Mann gefangen, den Rest zerstreut. Jetzt überfiel Warnery, mit 300 Husaren von Landshut aus, ein neues ungarisches Regiment unter dem Oberst Palffy, indem er dem Gegner durch schwierige Gebirgspassagen in den Rücken kam, bevor dieser nur aufsitzen konnte. 8 Offiziere und 140 Mann wurden gefangen. Der König machte Warnery zum überzähligen Major, indem er es auch in seinen Memoiren anerkannte, daß er diesem Offizier 271 Gefangene verdankte, während das ganze Zietensche Regiment ihm in beiden Jahren 44 und 45 nicht mehr als 250 Gefangene einbrachte.

Winterquartiere. 20. bezog die Armee Cantonirungsquartiere, die Husaren Zieten, Natzmer, Rüsch unter du Moulin zwischen Liebau, Landshut, Hennersdorf.

In dem nun abgelaufenen Feldzuge hatten die Husaren

sehr gelitten; „bei allen Regimentern," sagt der König, „war eine große Confusion wegen der Pferde". Zieten, Natzmer, Rüsch hatten nur noch 400 Köpfe im Felde. Diesen Zustand zu bessern, säumte der König nicht allerlei anzuordnen. Die gesunden Husaren, die in Breslau waren, mußte ein General-Adjutant, mit gesunden Pferden und mit Sattel und Zeug versehen und dann den Regimentern unter einem Offizier nachschicken. Offiziere, die sich in Breslau ohne Beschäftigung aufhielten, waren in Arrest zu setzen. Den Nachschub sollte man zur Bedeckung von Colonnen gebrauchen, die zur Armee gingen; 2. Juli finden sich 900 „Reconvalescente bei einer solchen Brodcolonne". Gesunde Husaren und Pferde durften zur Bagage nicht mehr genommen, marode Pferde und Leute nicht ohne weiteres zurückgeschickt werden. — Bekanntlich hat man es auch 1866 vielfach vorgezogen, Kranke, deren Herstellung man erwarten durfte, selbst auf Wagen mit sich zu führen, um sie nicht aus der Hand zu lassen und man hat die, welche unterwegs marode wurden, durch Commandos auflesen und nachführen lassen, was nach dem damaligen Reglement die Husaren zu thun hatten.

Schließlich befahl der König, daß alle in Breslau befindlichen kranken Husaren auf maroden Pferden nach Bernstadt und Oels geschickt werden sollten, wo, sehr bequem belegen, die Regimenter Zieten, Natzmer und Rüsch ihre Unberittenen und Kranken im Depot hatten.

Kaum 4 Wochen währte die Ruhe, worauf man sich am Bober aufstellte, wo dem Könige zu seiner Orientirung von Natzmer der Major v. Malachowski aufs wärmste empfohlen wurde, der, aus der Zeit, wo er noch in Sächsischen Diensten stand, die ganze Gegend genau kannte. Die Husaren Zieten und Natzmer bekamen den Queis als Gränzfluß zu bewachen: man sollte aber dem Feinde, wie vor Hohenfriedberg, glauben machen, daß

Wiedereröffnung der Feindseligkeiten.

man nur eine Vertheidigung beabsichtige. Doch Warnery, welcher ein gemischtes Commando von einigen hundert Pferden bei Greifenberg hatte, verletzte in der Hitze des Gefechts das Sächsische Gebiet, als 300 feindliche Husaren, vielleicht die von Palffy, sich zeigten. Sie zu verwirren hat er 24 seiner Husaren, denen eine Unterstützung von circa 60 Dragonern folgte, mit dem Säbel in der Faust en debandado gegen sie vorgehen lassen. 4 Husarentrupps mußten schräg auf die feindlichen Flanken avanciren, auf jede derselben 2 Trupps. Wir erkennen in dem Manöver ein reglementarisches. Der Feind versäumte es, in der Ueberraschung, „jeder Truppe eine andere entgegenzustellen," wurde umringt und bis auf wenige Husaren niedergemacht.

Warnery hatte die Bosniaken bei sich, die schon im Lager von Königgrätz, wo sie sich einstellten, in den Dienst des Königs getreten waren, der sie den Husaren Natzmer zutheilte, wo Warnery sie commandirte. Diese Bosniaken wurden als vortreffliche Reiter gerühmt, im Trupp aber nur vorsichtig, untermischt mit unsern, in der Linear = Taktik nun geschulten Husaren gebraucht. Dem Geständnisse ihres um sie später sehr verdienten Commandeurs, des Oberst v. Halletius, gemäß, konnten die Bosniaken wohl einen flüchtigen Feind verfolgen, eine Colonne schwerer Cavallerie harceliren, Infanterie attakiren; aber nicht eine geschlossene Reiterei chokiren. Sie waren Kosaken, die man ausschließlich im engeren Husarendienste verwandte. Ihr Element blieb die Schwärmattake. Uebrigens wurden sie nach dem Friedensabschlusse, bis zu ihrer Mündigkeit, den Husaren Rüsch zugetheilt, welche in Preußen garnisonirten.

23. brach der König in Sachsen ein, dem Angriffe des Feindes zuvorzukommen. Die Avantgarde, welche Winterfeld zu leiten hatte, bestand aus den Husaren Zieten, Natzmer und Rüsch.

In Kath. Hennersdorf wurden die Sachsen von den Zieten=
schen Husaren überfallen, setzten sich aber wieder. Inzwischen
rückten die anderen Regimenter auf schwierigen Waldwegen nach.
3 Eskadrons Bornstädt, welche aus dem Walde, welcher Hen=
nersdorf umgiebt, debouchirten, warfen sich auf die Sachsen,
wurden aber an 1000 Schritt zurückgeworfen, während unsere
folgenden Schwadronen sich erst treffenweise formirten. 6 Eska=
brons Sächsische Cüraffiere von den Regimentern O'Byrn, Vitz=
thum, Dallwitz, denen entgegen zu gehen man weder Zeit noch
Terrain hatte, attakirten in der Linie und warfen unser erstes
Treffen auf das zweite, welches nur 100 Schritt zurückstand.
Bei zu kleinen Intervallen zum Durchlassen wurde auch dies
Treffen geworfen. Ein wilder Knäuel von Freund und Feind
wälzte sich nun auf die Husaren Natzmer, welche kaum defilirt,
eben im Begriffe waren, hinter der Cavallerie aufzumarschiren,
die sehr hitzig verfolgt wurde. Ausweichen war nicht mehr
möglich: die Husaren waren in Gefahr, gleich den Cüraffieren
aufs Holz geworfen zu werden. Ohne sich zu besinnen stürzte
Natzmer sich, indem er Vorwärts Marsch commandirte, mit
den 8 Eskadrons seines Regiments, welche in Linie standen,
auf das Knäuel; mit den beiden anderen Schwadronen, welche
noch zurück waren, zog Warnery, der sie commandirte, divi=
sionsweise rechts in die feindliche linke Flanke. Das Gefecht
kam zum Stehen, obwohl das Regiment Natzmer „nur noch
500 Pferde hatte und durch ein starkes Scharmützel mit den
Ulanen schon sehr ermüdet war." Auch unsere Cavallerie kam
wieder zur Attake, andere Husaren fielen dem Feinde in den
Rücken: die Sächsische Reiterei erlitt, trotz ihrer Tapferkeit, eine
völlige Niederlage und Warnery hatte das Glück, unsern General
Rochow, welcher gleich anfangs gefangen war, zu befreien. Es
will fast scheinen, daß unsere Husaren auch dabei thätig waren, mit
den Cüraffieren ein Quarree des Regiments Sachsen=Gotha

niederzumachen, denn Warnery hat hier, unter seinen Augen, Sächsische Infanteristen gehabt, die sich trotz des kalten Winters todt stellten, plündern und auskleiden ließen, als man sie atta=kirte, wie sie im Weichen waren.

Die Verfol-gung.

Unsere Husaren von der Avantgarde trafen schon 24. in Görlitz ein, in der Nacht zum 27. zeigten sie sich Ostritz gegen=über. Mit Tagesanbruch gingen 300 Husaren über die Neiße. „Wir ließen uns," erzählt Warnery, „mit der feindlichen Avantgarde ein. Sie wurde von einem Defilee zum anderen getrieben, wobei wir stets Gefangene machten, ohne daß wir bemerkten, daß unser Corps zurückblieb. Vor Zittau trieben wir die Cavallerie mit solcher Hitze zurück, daß diese sich in größter Unordnung in die Vorstädte warf. Wir stießen auf 500 Mann Infanterie, die Fuhrwerke escortirten. Sie liefen um die Vor=stadt, wir holten sie aber ein, zwangen sie das Gewehr zu strecken: die Wagen wurden unser. Während dessen kam Winterfeld und befahl Herrn v. Malachowski, die Stadtthore öffnen zu lassen. Seydlitz that einen Sturz mit dem Pferde, welcher ihn zwang, das Commando über sein Bataillon mir zu über=tragen. Ich zog mich längs dem Stadtgraben, ließ die Stadt links liegen, wobei ich stets Gefangene machte und Wagen und Equipagen erbeutete. Ich passirte die Neiße und befand mich, ohne mein Wissen, im Lager der feindlichen Infanterie, vor Fahnen eines Regiments, welche ich wegzunehmen beschloß, als ich mich umsah und keine 10 Husaren bei mir hatte. Doch brach der Feind in der Verwirrung das Lager ab und mar=schirte ins Gebirge."

29. machte der Rittmeister v. Kleist vom Natzmerschen Regiment eine Patrouille von Zittau nach Gabel. Auf dem Wege dorthin plünderte er 2000 Bagagewagen.

Die Beute.

Die Beute war überall so groß, daß der König schrieb: „Unsere Husaren haben bessere Equipagen als kein Offizier von der Armee. Sie schleppen sich mit magnifiquen Pferden und Kutschen herum und ist alles für ein Spottgeld zu haben."

Man hat sich damals darauf beschränkt, das Beutewesen zu regeln, während im ersten Schlesischen Kriege auf „alles Plündern der Weiber, Husaren und Packknechte" das Hängen stand. Jetzt sollte die Husarenbeute zusammengebracht, verkauft, der Erlös, von welchem der Commandoführer den zehnten Theil zu beanspruchen hatte, vertheilt werden. Die Husaren, welche bei Landshut von ihrer Beute den anderen Waffen nichts ab= geben wollten, waren hiermit im Recht. Sehr ergötzlich schildert uns aber Gellert einen Husarenoffizier, der an der Beute „seine Freude" hatte. Dieser, dankerfüllt von dem Genuß, welchen ihm Gellert's Schriften bereitet hatten, bot ihm zum Andenken „Rubel an von einem Kosacken=Obersten, den er vom Pferde hieb, Sibiri= sche Pistolen, eine Knute und ein Tartarisches Gewehr, wobei er pathetisch versicherte: „der Soldat hat nichts Kostbareres als Beute mit seinem Blute erfochten, aber Alles steht zu Ihren Diensten."

Die große Menge Oesterreichischer „Deserteure, die nur, weil sie zu klein, in unsere Infanterie nicht aufgenommen wurden", brachte Warnery zu dem Gedanken, aus ihnen ein Freicorps zu formiren, dessen Realisirung nur der Abschluß des Dresdener Friedens verschob. Die Stellung, welche der König zur Sache nahm, ersehen wir am besten aus seinen eigenen Worten: „Notre infanterie ne peut se regarder que comme les légionnaires romains; ils sont faits et dressés pour les batailles; leur ensemble et leur solidité en fait la force ... La manière de combattre des troupes légères est toute différente; nous n'en avons point d'infan-terie et nos hussards ne sont pas assez nombreux pour pouvoir se soutenir en partis contre ceux de la reine de Hongrie. Il est donc certain que, pour mettre quelque

Warnery's Plan zu einem Frei-bataillone.

égalité entre nos deux armées, il me faut au moins encore 2000 hussards et un corps de 4000 hommes de troupes légères d'infanterie, divisées en compagnies franches; mais c'est l'oeuvre du temps et des finances de produire ces excellents arrangements auxquels il en faudra venir pourtant tôt ou tard en cas de guerre."

IV.

Nach dem Dresdener Frieden.

―――

Im Anfang des Monats Januar ging unser Regiment durch die Lausitz in die alten Garnisonen. Hier empfing Wolf v. Natzmer 11. Februar seine Ernennung zum Oberstlieutenant und Commandeur des gelben Husaren-Regiments № 8, Dieury. Wolf avancirte in noch nicht 4½ Jahren vom Lieutenant zum Oberstlieutenant und wirklichen Commandeur, nachdem er in der letzteren Eigenschaft seit Schütz's Abgang in dem alten Regimente schon fungirt hatte. Er gehörte wohl zu den am meisten im Avancement Begünstigten. In seiner neuen Garnison Bischoffswerber finden wir ihn mit Charlotte, einer Tochter des General Graf Geßler vermählt, der, nun der erste Held des Volks, das Interesse, welches er für George Christoph hatte, auf den Bruder ausdehnte. Chef der gelben Husaren wurde noch in demselben Jahre Billerbeck, der als Zietenscher Husar „viele herzhafte Unternehmungen ausgeführt hatte." Nach der Revue zu schließen, welche der König 1750 bei Wehlau abhielt, erntete Natzmer und das Regiment das Allerhöchste Lob, dem der König die Bemerkung zufügte, Billerbeck „solle nur auch suchen, das Regiment so zu erhalten, nicht aber denken, er käme künftig Jahr nicht wieder ins Land". Der folgende Bericht

Billerbecks an Zieten, mit dem er in solchen Angelegenheiten correspondirte, versetzt uns mitten in die Thätigkeit der damaligen Husaren:

„Das Exercitium zu Pferde begann am ersten Tage mit einer großen Attake auf 1000 Schritt. Am zweiten mußte Oberstlieutenant v. Strozzy, den der König mitgebracht — er war als Major aus Oesterreichischen Diensten gekommen, um bald wieder zu verschwinden — seine Kunststücke, Fourageurs zu allarmiren, zeigen. Er erreichte jedoch seinen Gefechtszweck nicht. Am dritten Tage gelang es ihm zum Theil. Seine Leute fielen in die Bedeckung der Wagen und schnitten die Pferde los, wurden aber so hitzig dabei, daß sie sich in die Gesichter schossen, auch die Offiziere nicht schonten, worauf der König selbst einzuhalten rief."

Jene Attake war die geschlossene und wurden „Manövers nach Winterfelds Disposition" schon einige Jahre zuvor, durch den General Schorlemmer, Chef der 6. Dragoner, auch den Husaren Billerbeck beigebracht.

Wolf Natzmer quittirte den Dienst 53 gleichzeitig mit Billerbeck, trotz seines brillanten Avancements bei den Natzmer Husaren, 52 Jahre alt, indem er erst mit 29 Jahren Cornet geworden war. Er besaß an der Leba, dem väterlichen Gute Rettkewitz gegenüber, welches sein älterer Bruder, der Dragoner-Oberst Carl Friedrich, inne hatte, Reitzkow und Ziermienz und starb 1759 in Stettin mit Hinterlassung zweier Söhne, Carl Friedrich und Leopold Wolfgang Siegesmund. Seine Witwe heirathete einen Grafen v. Orowsky.

Andere Personalien. Bei den Natzmerschen Husaren war in Folge jener Versetzung von Wolf Natzmer Warnery einrangirt, Cholevius hatte die vacante Schwadron bekommen, v. Lojewski, in welchem wir den späteren „Veteran" des Regiments erkennen, dessen Tagebuch wir manche Mittheilung verdanken, war Premier-Lieutenant geworden, wie wir aus der ersten Rangliste nach der Campagne selbst entnehmen können. Majore waren damals außer v. Natzmer: v. Malachowski, v. Seydlitz, v. Warnery; Rittmeister: v. Lodemann, v. Kleist, v. Bayar, v. Dingelstedt, v. Winterfeld; Stabsrittmeister: Stahl, Cholevius; Lieutenants: v. Podjurski, v. Ziegler, v. Ehrenberg, v. Buchmer, v. Husarczewski, v. Donepp, Benediger, v. Miskowski, v. Wielechowsky, Seibert, Schachtenhoff, v. Theaty, v. Rebenstock; Cornets: v. Lojewski, v. Thilisch, v. Kulisch, v. Lossow, v. Hokolzky, Friederici, Teifel, v. Derpt, v. Zeilenberg, v. Aulock.

Mit Stolz durften alle des Königs Neujahrsgruß an die Armee auch auf sich beziehen, „daß sie ihr devoir in allen occasionen dergestalt bewiesen, daß den preuß. Waffen dadurch ein fast unsterblicher Ruhm erworben worden;" und wieder wollten auch sie „nichts negligiren, die gute Ordnung und Disciplin, durch welche die Armee bis dato unüberwindlich gewesen, wieder völlig einzuführen".

Unter den Avancements, welche das Regiment hatte, ist v. Podjurski. hervorzuheben, daß v. Podjurski 1746 Stabsrittmeister wurde. Er hatte in seiner Schwadron den besten Ersatz an Polen, die in ihm einen echten Landsmann „mit allen ihren Tugenden" erkennen konnten. Und er soll ohne ihre Fehler gewesen sein. Er war in Ermland geboren, sein Vater hatte unter Sobieski gedient. Da er dem Regimente schon als Pikenreiter und mit vielen Ehren bis zu seinem Tode angehörte, muß er als ein Typus der weißen Husaren gelten: Er war einer von den Polen, aus welchen anfangs „zur Hälfte das Offiziercorps bestand, die sämmtlich die Tapferkeit aufs Höchste trieben." Eben 26 Jahre alt, soll Podjurski, wie einst jener Klabowski, die Seele der jüngeren Offiziere vom besseren Style gewesen sein.

Nicht ohne gründliche Kenntnisse, die er gern, wenn auch nur gesprächsweise im Umgange verwerthete, war er ein strenger Katholik, ein Mann von unerschütterlichem Ehrgefühl, an dem er Kameraden, wie Untergebene zu messen pflegte. Seine Schwadron war immer im Stande: Natzmer freute sich jedesmal, wenn er sie musterte. Mit Seydlitz war es freilich noch anders. Den Geist, den dieser verbreitete, konnten Andere ihren Leuten nicht einhauchen. Seine Schwadron war die beste, wenn nicht die schönste. Reiten, Dressur, Haltung, Anzug, alles zeichnete sich in dieser Eskadron noch besonders aus.

v. Dingel-
stedt

Dem Podjurski ist in gewisser Beziehung der damalige Rittmeister v. Dingelstedt, ein geborener Mecklenburger, an die Seite zu stellen, denn auch er gehörte dem Regimente seit der Errichtung an. Beide Offiziere heiratheten zwei Fräulein v. Koschenbahr, Warnery eine dritte dieses Geschlechts. Obwohl das Reglement den Stabsoffizieren und Rittmeistern den Heirathsconsens fast anstandslos in Aussicht stellte, erließ der König, wie Dingelstedt darum einkam, die folgende Cabinets-Ordre: „Mein lieber Obrist v. Natzmer. Ich gebe euch auf euer Vorschreiben in Antwort, wie Ich nicht gern sehe, wenn die Husaren Offiziers sich so viel verheirathen, welches nicht taugt, denn wenn sie alsdann marschiren sollen, so ist ein Haufen Lärmen der Weiber halber." Erst als man nachwies, daß Dingelstedt durch die Heirath „seine Umstände verbessern könne," gab der König „die permission".

v. Miskowski.

Als ein Jahr später Natzmer für den Lieutenant v. Miskowski, der sich mit des Obersten Schwester verheirathen wollte, den Consens erbat, bewilligte Friedrich auch diesen. Es läßt sich hieraus folgern, daß die Umstände der Natzmer'schen Familie nicht ungünstig waren, ein Lieutenant durfte reglementsmäßig um den Consens nur einkommen, wenn er selbst „arm, durch die Heirath sein sonderliches Glück machen konnte." George

Christoph hatte auch von Seiten seiner Frau Vermögen. Er hatte sich schon 1742 von einem Herrn v. Minkwitz Maßlisch= Hammer, auch Dombrowe genannt, erstanden, ein Gut von 1350 Morgen guten Bodens, welches für den Dienstbetrieb sehr bequem mitten im Regimentsbereiche lag, eine Meile von Trebnitz, 3 Meilen von Militsch und Oels. Uebrigens erhellt nicht, wo Natzmer jedesmal wohnte: zur Zeit garnisonirte die Leib=Eskadron in Militsch, später in Wartenberg.

Maßlisch-Hammer.

Der Chef hatte seine detachirten Eskadrons alle 3 Monate zu inspiciren, denn er war für die taktische Ausbildung seines Regiments verantwortlich, während die Führer der Eskadrons und der Regiments=Commandeur die ökonomische Verwaltung hatten.

Taktische Aus-bildung.

In taktischer Beziehung drängte man nach dem Dresdener Frieden darauf hin, „in allem, was im Kriege zu thun, gehörig zu unterrichten". Es war die Zeit, welche den Preußen frucht= bar war für alle Verbesserungen und Leistungsprüfungen. Wäh= rend die Oesterreichischen Musterungen nur Beschaulichkeiten waren, ihre Cavallerie nichts als Pferde zu warten hatte, musterte der König alle Jahre in Person, im Ganzen und Einzelnen, denn er hatte gelernt, daß das holländische Kriegswesen, dem der große Kurfürst und Friedrich Wilhelm I. ihre Ausbildung ver= dankten, durch Außerachtlassung der Einzeldressur von den Kauf= leuten zu Grunde gerichtet war. Man mußte unter Friedrich in großen Fronten mit und ohne Intervalle attakiren und schwenken und war die Richtung während der Attake rechts, später nach der Mitte. Für das „Gradeausgehen der Attake wurde eine besondere Wichtigkeit den Points de vue beigelegt; Attaken in das Blaue waren schwerlich approbirt. Auf richtiges An= setzen wurde das größte Gewicht gelegt."

Während das Reglement nur Attaken von 600 Schritt kannte, galt's nun schon solche von 1500 Schritt und eine Carriere von 4—500 Schritt. 1200 Schritt hat der König 1753 im Feldlager von Spandau, wo er aus den Leistungen seiner Armee die Resultate zog, attakiren lassen. Uebrigens hatten die langen Attaken viele Gegner in der Armee; so hat der Feldmarschall Schwerin sich oft geäußert, daß die Attaken von 2000 Schritt im Galopp die Cavallerie verdürben und daran gewöhnten nicht geschlossen zu bleiben. Auch Blücher hat den langen Chok bitter getadelt und den Grundsatz ausgesprochen, daß der Galopp und die Carriere nicht lang, die letztere erst 60—80 Schritt vor dem Quarree zu beginnen habe." „Schließlich hat man sich darüber gestritten, ob das Tempo, welches in Friedrichs Zeit geritten ist, unsere heutigen Pferde tödten müßte. Der König meinte, daß „bei Menschen und Thieren es nur auf die Gewohnheit ankomme" und Warnery hat nur selten mit Pferden zu thun gehabt, die nicht zum Laufen zu gewöhnen gewesen wären. „Kauften wir," erzählt er, „unsern Husaren die Pferde ab, die sie dem Feinde genommen hatten, war man zwar anfänglich nicht zufrieden, empfanden aber die Pferde nur einige Wochen den preußischen Sporn, liefen sie ebenso gut wie die anderen."

Sein Ideal zu erreichen, befahl der König: „Im Frühjahr u. absonderlich die letzten 14 Tage vor der Revue müssen die Pferde in Othem gesetzt werden. Derowegen muß alle Tage das Regiment, wenn es nicht exercirt, traben, im Anfang auf 1000 Schritt, hernach 2000, 3000—4000 Schritt.

„Ist es nicht, als ob diese außerordentlichen Anforderungen in der Voraussicht der gezogenen Waffen gestellt wurden," ruft der Graf Bismarck-Bohlen aus.

Bei alledem wurde der kleine Krieg nicht vergessen, für den es, nach den vielen Erfahrungen des letzten Krieges, an der Methode zu lehren und zu inspiciren nicht mehr fehlte. Der Marquis de Grissons erzählt uns: „In den kleinen Städten und Dörfern cantonirend bewachen sich die Husaren wie in der

Nähe des Feindes und sind im offenen Kriege mit einander. Sie allarmiren sich Tag und Nacht, legen sich Hinterhalte, suchen Lebensmittel, Convois aufzuheben; Patrouillen müssen ein Dorf, den Lauf und die Beschaffenheit eines Flusses, ein Gehölz recognosciren."

Der französische Gesandte Marquis v. Valori, selbst Oberst und ein Held seines Volkes, berichtete im Mai 1747: „Es erregt Verwunderung, Truppen, die so viel gelitten, schon wieder in einem so prächtigen Zustande zu sehen"; er staunt, „wie die Eskadrons im vollen Laufe auf das erste Signal in trefflichster Ordnung Halt machen, das erste Glied galoppiren, das zweite halten und im Trabe folgen kann."

Die Natzmerschen Husaren hatten das Glück bei den großen **Revue 46.** Schulmanövern im Jahre 46 so zu genügen, daß ihr damaliger Commandeur, der Oberstlieutenant Alexander v. Seydlitz, und der Major v. Warnery vom Könige kostbare türkische Säbel erhielten. Ein gleiches Geschenk an Zieten begleitete der König mit den Worten: „In Persuasion, daß Euch solches nicht unangenehm ist und ich solchen in recht gute Hände gebracht haben werde."

Im folgenden Jahre, nach der Revue, mußte Wartenberg, **Wartenberg.** bevor andere von ihm lernen konnten, bei seinem alten Commandeur in die Lehre gehen, wie wir aus der folgenden Cabinets-Ordre vom 30. November 47 ersehen:

„Mein lieber Obrist v. Wartenberg.

„Es ist mir aus Eurem Schreiben vom 24. d. M. lieb zu vernehmen gewesen, daß Ihr beim Natzmerschen Husaren-Regimente gewesen und dasselbe exerciren und reiten gesehen, auch darnach bei Eurem Regimente Eskadron vor Eskadron vorgehabt und die neuen Exercitia machen lassen; wie nicht weniger, daß die Wildfänge jetzo mehr Kräfte haben und in befferem Stande find, wie fie bei der Revue gewefen. Ich zweifle nicht, Ihr werdet ferner für alles fo forgen, wie es der Dienst und Eure Pflicht erfordert."

Warnery. Den ehrfüchtigen Warnery ließ aber der türkifche Säbel nicht fchlafen. Er mochte fich nicht mehr fügen, als Natzmer ihn anwies, Pferde und Menfchen auch zu fchonen und nicht zu kleine Leute einzuftellen. Er mochte hoffen, daß fein Chef nach einem Conflicte mit ihm in Stat gelegt würde, wie dies Geßler gefchah, „der mit fammt feiner Equipage nach Potsdam kommen und dort verbleiben mußte, damit der Oberft Blanken= fee für das Künftige das Commando allein habe." Warnery befchwerte fich beim Könige, erhielt aber den folgenden Befcheid:

J'ai bien reçu votre lettre du 22. de ce mois, par la qu'elle Vous me faites connaitre vos plaintes contre le Colonel de Natzmer. Je vous connois comme un honnet homme et brave officier. Mais c'est une règle dans mon service, qu'un officier ne doit pas s'emanciper sans des raisons pregnantes, de se plaindre de son chef, la nature du service demandant une veritable et entiere subordi- nation. Je vous conseille donc, de reflechir la dessus mûrement, et J'espère, que Vous Vous accomoderez de les maximes reçus, parcequ'un officier qui se met en tête d'accuser son chef, court risque de perdre son procès à cause de la subordination violée.

Fait à Berlin ce 27 d'Août 1747.

Wenige Monate fpäter machte der König die Chefs dafür verantwortlich, daß die Offiziere „allerte ihre Züge wohl führen und einen leichten Begriff von den Manövern haben, die man ihnen aufgeben würde. Sie follten für tüchtige und gute Remonten und dafür forgen, daß die Pferde gut gefuttert und in Athem, in dienftbarem Stande und nicht puften, wenn man attakirt."

Revue 49.

Es mußte Natzmer zur persönlichen Genugthuung gereichen, daß sein Regiment bei der nächstfolgenden Revue das höchste nur denkbare Lob seines Königs erntete.

„Das bei Breslau gewesene Natzmersche Husa= ren=Regiment," schreibt der König d. d. Potsdam 21. Sep= tember 1748 an den Fürsten Leopold Maximilian von Dessau, „ist in einem solchen schönen Stande und in einer solchen guten Ordnung, wie Ew. Liebden noch nicht ein Husaren=Regiment gesehen haben, indem sol= ches in allen Sätteln gerecht ist, um sowohl vor ein Dragoner= als Husaren=Regiment gebraucht werden zu können, wobey selbiges sehr gut berit= ten, über das alles aber in der größesten Disciplin ist, so daß Ew. Liebden sich solches vielleicht nicht werden vorstellen können."

An der guten Verfassung des Natzmerschen Regiments hatte auch Friedrich Wilhelm v. Seydlitz seinen Theil, wenn er auch noch nicht decorirt war.

Friedr. Wilh. v. Seydlitz und ein Stück Garnison= leben.

Schon bemerkte man an ihm eine gewisse Haltung von Ernst und Würde. Bis zur Beunruhigung wortkarg, liebte er den Verkehr mit befreundeten Kameraden. Im eigenen Hause setzte er ihnen einen guten Tisch vor: den Wein konnte sich bei ihm jeder nach Gefallen nehmen und setzte er schelmischer Weise die feinsten Sorten auf, wenn Natzmer, sein Chef, seinerseits dem Luxus zu steuern, auf den Besichtigungsreisen sich nur gewöhnlichen Franzwein ausbat. Uebrigens war Seydlitz „kein Politiker wie Winterfeld, auch nicht gelehrt wie Wartenberg". Der dienstliche Beruf befriedigte ihn. Mustergültig als Reiter, Reitlehrer und Reitführer lehrte er nach planmäßiger Stunden= eintheilung stufenweise, fast spielend. Er hatte die große Kunst gelernt, welche auch Natzmer verstanden haben soll, ohne viele Strafen in seinen Untergebenen das wahre Ehrgefühl anzufachen.

Dabei forderte Seydlitz viel, aber nichts, was er nicht selbst
leistete. Die Pointe von allem Reiten war ihm die Vervoll-
kommnung der Reiterbravour. Er konnte nicht sehen, daß jemand
bei einem offenen Brunnen vorbeiritt. Man mußte „ohne Bügel
rasch auch auf ein unruhiges Pferd gelangen, in vollem Jagen
sich nach allen Richtungen leicht und sicher im Sattel biegen,
die rohesten und widerspenstigsten Pferde fromm machen, keine
Hecke, keinen Zaun für zu hoch halten, kein Gebüsch für zu dicht,
keinen Graben für zu breit, einen jeden Strom durchschwimmen."
Eine lustige und verwegene Jagd brauste er und die Seinen
dahin. Hatte man sich früher auf die Exercice des Reglements
beschränkt, setzte Fr. W. v. Seydlitz unsere Husaren auch in
dieser Beziehung in eine größere Thätigkeit, als er in Folge der
Ernennung seines Vetters Alexander zum Commandeur der krapprothen 7. Husaren mehr Einfluß finden mochte. Mit einer wahren
Herzenslust tummelte Seydlitz seine Husaren in geschlossener und
zerstreuter Ordnung, indem er alles mit sich hinriß.

„Man führte die Evolutionen mit ungewohnter Schnelligkeit und Präcision aus und die Schwärmattake löste die feste
Ordnung und erfüllte blitzartig den Gesichtskreis mit dem husa-
rischen Fluidum. Bald darauf ging die wild daherbrausende
Masse glatt und ruhig wie das Meer nach dem Sturme."

Die Vorzüglichkeit des Ganzen beruhte dabei, den Ansprüchen
gemäß, welche der König machte, in den ausgezeichneten Leistungen des Einzelnen. Eine gründliche Fußdressur ging der
Ausbildung im Reiten voran. Der Husar mußte lernen, sich
gerade tragen, mit Anstand gehen: überall den Bauern zu Hause
lassen. Dann wurde zu Fuß exercirt, der Gebrauch von Carabiner, Pistolen und Degen gewiesen und der Rekrut „an ein
hölzernes Pferd gebracht, um zu lernen, wie es zu satteln, packen,
mit Heubunden zu beladen, wie daran auf- und abzusitzen, die
Zügel zu führen, zu voltigiren". Auch stellte man 2 dieser Pferde

sich gegenüber und ließ die Reiter ihre Degen und Pistolen gegen-
einander führen. — Zuerst vor allen soll Seydlitz großen Werth
darauf gelegt haben, daß man zu Fuß und zu Pferde den Säbel
gut führte. Das Voltigiren cultivirte er mit Passion und Natzmer
interessirte sich so sehr dafür, daß unter ihm „alle Husaren,
welche beständig in Garnison waren, gut voltigirten". Später
hat man dies Exercice versäumt.

Geritten wurde anfangs ohne Bügel, auf Decke. Die
Bügel, welche reglementsmäßig „kurz" zu schnallen waren, daß
„2 Hände" zwischen Leib und Sattel Platz hatten, ließ Seydlitz
„so lang nehmen, daß die Füße beinahe gerade herunter" hingen.
Man sollte nach ihm auf dem Sattel nicht „wie auf einem
Polsterstuhle sitzen." „Schließlich ritt damals unsere ganze Cavallerie vielleicht zu lang, wie die Französische und Sächsische;
die Oesterreichische hat immer kürzer geritten," meint Warnery.
Uebrigens war die Erkenntniß schon verbreitet, daß nur die Reit-
kunst zur Manövrir-Fähigkeit führt. Die Regimenter bekamen
Reitbahnen, Bereiter, Stallmeister; bereits 1739 hatte der alte
Natzmer seinen Gensdarmes, als sein letztes Verdienst um sie,
„das Reithaus nebst Reitplatz auf der Neustadt etablirt".

Die Husarenpferde wurden auf „den Schultern geritten und
Kruppen gewandt, damit ein Husar sich auf einem Platze wie ein
Thaler mit seinem Pferde tummeln und wenden kann, wie er
will." Wiederum meint Warnery, dennoch „braucht ein Soldat
nicht als ein Bereiter zu reiten. In der Schwadron kann er
mit den Schenkeln keine andere als falsche Hülfen geben. Er
muß mit dem Sporn und Zügel, der sehr kurz zu nehmen,
führen, wobei die Hand, mit Anstand ausgestreckt, fest an den
Mähnen ruhen muß, bei sonst ungezwungenem Sitz, die linke
Schulter etwas vorgebogen."

Weiterhin „setzte man einen Tag über Gräben, Hecken,
Stangen; dann jagen Reiter paarweise um die Wette, indem

man sich bemüht, dem anderen den Hut vom Kopfe zu nehmen; man schwimmt durch Flüsse, manövrirt im coupirten Terrain, klettert auf Anhöhen und steigt hinab, macht Angriffe in einem Gliede, bricht ab, indem man ein Defilee passirt und formirt sich wieder, sprengt auseinander und raillirt sich."

Es war sehr schwer, die Truppen zu dressiren, weil die Hälfte des Regiments damals 10 Monate im Jahre auf Urlaub war. 10—12 Tage wurde mit den Urlaubern in der Eskabron, dann im Regiment exercirt; um zu egalisiren, ließ man die Husaren wo möglich mit Cürassieren und Dragonern zusammen manövriren. Sie mußten sich attakiren, allarmiren, sollten recognosciren, bis man das Lager bezog, um in allen Arten von Schlachtordnungen Angriffe, Rückzüge, Obliken, Feldwachen, Patrouillen, Convois, Fouragirungen im Terrain zu machen." Nichts wurde vergessen.

Natzmer General.

10. Juni 1750 wurde Natzmer General. Niemand war ihm bei den Husaren vorgezogen, als gleich anfangs Zieten, der seit Bronikowski's Abgang, sein einziger Vordermann im Corps war. Im Frieden wie im Kriege ununterbrochen als Chef im Dienste, war George Christoph der Ehrgeiz, General zu werden, erst nach 10jähriger saurer Arbeit erfüllt. Etwa 57 Jahre alt, war er wohl der älteste der damaligen Husarenführer. Mit ihm war Rüsch avancirt, mit dessen einziger Ausnahme alle Husaren-Chefs nun Deutsche von Geburt waren; schon hatte die Vorliebe für Ausländer ihr Ende erreicht. Die Dewitz, Wartenberg, Wechmar, Seydlitz, Billerbeck führten die Husaren in Gemeinschaft mit Rüsch, Zieten und Natzmer, welche letztere allein von Anfang an in diesem Dienste, die fremden Elemente eines Hoditz, Hallasch, Dieury, Radyezandor, Strozzy überdauerten. Auch der gewöhnliche Ersatz stammte meist aus deutschen Landen; schon ersetzte man in Preußen durch husarische Erziehung die fremde Nationalität.

In welcher gehobenen Stimmung mag der viel erfahrene Natzmer unter seinen Collegen von dem bunten Corps der grünen, blauen, schwarzen, braunen, krapprothen, gelben Husaren zu dem Feste erschienen sein, welches der König seiner Lieblings=schwester zu Berlin im jetzigen Lustgarten gab, wo die vor=nehmsten Personen im glänzendsten Costüm als Römer, Perser, Griechen, Carthager Quadrille ritten und en masque soupirten, welches Fest, 100 Jahre später an unserem Hofe in Charakter=masken wiederholt, dem vor wenigen Jahren in Neisse verstor=benen General Ferdinand v. Natzmer Gelegenheit bot, den George Christoph zu geben.

Wenige Monate nach jenem Feste finden wir George Chri=stoph von der Wassersucht befallen in Breslau. Man bezeugt ihm: „Unter den Schmerzen dieser Krankheit zeigte er sich stand=haft im Dulden, wie sonst muthvoll im Handeln." Aerzte konnten ihm nicht mehr helfen. 10. Januar forderte Natzmer seinen Feldprediger, einen Herrn Corsepius aus Wartenberg, zu sich; 27. ist er gestorben. Man hat ihm nachgerühmt, „daß er an der Spitze des von ihm angeworbenen Regiments viele herzhafte Unternehmungen ausgeführt habe".

Natzmer stirbt. Seine Familie.

Seine Witwe, die noch 49 einen Sohn gebar, hat erst nach dem 7jährigen Kriege Dombrowe an einen Herrn v. Prit=witz verkauft und ist 1782 zu Berlin gestorben. Ihr Sohn Claus Gustav Friedrich Leopold war noch zu des Vaters Zeiten Cornet im Regiment; er „sollte 17. October 56 ander=weitig versorgt werden" und kam, wieder eingetreten, 73 als Major ins Husaren=Regiment Owstien 10, als dessen Oberst und Commandeur er 90 mit Pension verabschiedet ist. Seine Gattin war eine v. Lojewski, gewiß eine Angehörige des gleich=namigen Offiziers vom Natzmerschen Regimente.

Joachim v. Natzmer a. d. H. Pretzsch, dessen Vater mit

George Christoph bei Prinz Gustav gestanden hatte und selbst aus Sächsischen Diensten zu den Natzmer Husaren gekommen war, als sie in ihrer Blüthe standen, ist 57 aus dem Regimente geschieden. Er wird der Rittmeister v. Natzmer gewesen sein, welcher die 112 Mann „Berlinische Husaren" in weißem Dollman mit blauem Pelz und weißen Schnüren und Filz= mützen, ein Land=Husarencorps der Märkischen Miliz, führte, derentwegen auch der Marquis d'Argens so wie die Behörden den Bürgern Berlins ihr Lob spendeten. Die Miliz lieferte ausgebildete Rekruten und vertheidigte Cüstrin, Magdeburg, Berlin.

Später setzte der König Natzmer mit vorbatirtem Patente zu den Cürassieren, entließ ihn aber, als derselbe, am Kopfe schwer verwundet, unheilbar erkrankte. „Ruhelos irrte der arme Mann im Reiche umher, bis er auf einer seiner Wanderungen nach Wien verschollen ist."

Seydlitz. Seydlitz, unter dessen genialer Führung die gesammte preußische Reiterei den Gipfel ihrer Vollkommenheit erreichte, gehörte unsern Husaren nur noch bis gegen Ende des Jahres 52 an, wo er die Dragoner schon als ihr Commandeur, wie bald darauf die Cürassiere mobilisirte, um später, der Meister in der Kunst, große Reitermassen mit Ordnung und Schnelligkeit zu führen, die Welt zu einem Schauer von Bewunderung hinzureißen, sobald er, der Orkan zu Roß, mit seinen 10,000 Pferden dahin= fuhr. Man begreift, sagt Guibert, wie Friedrich solch groß= artiges Schauspiel höfischem Gepränge hat vorziehen können. „Wäre ich Particulier," rief Kaiser Joseph bei einer dieser Pro= ductionen aus, „so würde ich nur in dieser Cavallerie dienen". Dennoch galten dem Könige die Husaren immer noch für seine leichtesten Reiter; er antwortete deshalb jenem Joachim Natzmer, auf dessen Bitte, zu den Cürassieren versetzt zu werden: „er will wohl faul werden", obwohl Natzmer nur zu Seydlitz wollte.

Als Seydlitz noch Major war, verkehrten mit ihm die Lieutenants v. Lossow und v. Zedmar und der Cornet v. Hohnstock; auch interessirte sich Seydlitz für einen gewissen Gröling. Der bürgerliche Hohnstock, welcher in dem Regimente seit seiner Errichtung diente, war auf Seydlitz Empfehlung Cornet geworden: reglementsmäßig konnte dies bei den Husaren ohne Rücksicht des Standes geschehen, wenn man 3 Jahre bei einem Regimente war. Als Hohnstock 1768 Commandeur eines Husaren-Regiments wurde, schrieb ihm Seydlitz, der inzwischen General der Cavallerie, General-Inspecteur der gesammten Schlesischen Cavallerie und Ritter vom Schwarzen Adler geworden war: „Ich habe mein in Trebnitz gegebenes Wort zu erfüllen gesucht, so gut ich konnte. Lossow, bereits General-Major, hat seinen Weg gemacht; Zedmar, der darauf gesetzt war — er ist an der Spitze der Zietenschen Husaren als ihr Commandeur bei Torgau geblieben — darauf umgekommen und Ihnen ist der Wagen angespannt."

Nach einem 47jährigen Husarenleben starb der inzwischen geadelte Hohnstock als General-Major und Chef der schwarzen Husaren. Lossow, dessen Frau nebenbei gesagt eine Zedmar, war Hohnstocks Vorgänger als Chef der schwarzen Husaren, womit das Commando über die Bosniaken verbunden war, die Hohnstock zuerst die Exercitien des Husaren-Reglements machen ließ.

Kühn, entschlossen, umsichtig und thätig hat Lossow, der die Bosniaken sehr liebte, sich als Führer leichter Truppen so ausgezeichnet, daß der Vorwurf der Parteilichkeit, welcher ihm als Vorgesetzter gemacht wurde, nicht dagegen aufkam. Bis zu seinem Tode stand er, damals General-Lieutenant und Ritter des Verdienstordens, in hohen Gnaden beim Könige.

Gröling war 46 bei Natzmer eingetreten, unter dem sein

Vater als gemeiner Reiter bei Prinz Gustav gestanden hatte. Der Sohn heirathete die Tochter eines kleinen Bürgers; Seyd-litz, der ihn als Unteroffizier mit in sein Cürassier-Regiment nahm, gab ihn 1760 als Cornet an Lossow, unter welchem Gröling zwei Jahre später zum M a j o r bei den Bosniaken avancirte. Im Baierschen Erbfolgekriege geadelt und mit dem Verdienstorben geschmückt, erhielt er das 6. Husaren-Regiment und wurde General. Er hat sich ein Vermögen von 200,000 Thalern im Dienste erworben.

Mala-chowski. Malachowski verließ das Regiment 53, um Chef der g e l b e n Husaren zu werden, an deren Spitze er sich den Ver-dienstorben erwarb und zum General-Lieutenant avancirte.

Warnery. Warnery erwarb sich den Verdienstorben im Regiment als Oberstlieutenant durch die Einnahme der Bergfeste Stolp, welche er, wunderbarer Weise, allein vollführte und durch das Gefecht bei Mitteldorf. Hier saßen seine Büchsenschützen ab und gaben, im Terrain gedeckt, ein wohlgezieltes Feuer „à la Pandoure," während die Croaten Pelotonfeuer „à la prussienne" machten. Unsere Husaren warfen die Kaiserlichen und machten ihre Infanterie nieder, obwohl diese, regelrecht feuernd, ihre Glieder nicht verließ. Mit 400 Husaren wurden 190 Feinde getödtet. Von unserer Seite erlagen nur 16 Mann dem Ba-jonnet, darunter „der brave Major v. K l e i s t", welchen wir von Gabel her kennen. „Vous avez fait des merveilles," schrieb der König auf den Bericht an Warnery und als er ihm „den Orden" umhing, umarmte er ihn. 37 Jahre alt, wurde War-nery, nachdem er sich auch bei Reichenberg, Prag und Collin einen Namen gemacht hatte, Chef der Husaren Wartenberg. Aber dienstlich weniger beengt, brachte ihn seine böse Zunge, die er nicht einmal gegen seinen Königlichen Herrn im Zaume halten konnte, noch in demselben Jahre zu Falle, obwohl Warnery sich als Schriftsteller den Ruf eines geistreichen Soldaten bewahrt hat.

Joh. Fr. v. Bayar, welcher unsern Husaren eine Reihe von Jahren angehörte, war in Lüttich geboren, in Französischen und Kölnischen Diensten und ist, mit dem Verdienstkreuze geschmückt, mit dem Titel als General-Major dimittirt, nachdem er 13 Feldzügen und 16 Schlachten beigewohnt hatte. *v. Bayar.*

August Levin v. Dingelstedt erhielt das Regiment, in welchem er mit Podjurski groß geworden, Ende 59 als Nachfolger des General-Major v. Putkammer, welcher bei Kunersdorf fiel, wo außerdem von alten Offizieren des Regiments v. Ziegler, nun Major, und v. Buchmer alias v. Büchner, v. Lojewski, v. Kulisch als Rittmeister verwundet wurden. „Ein sehr verdienter Offizier" erhielt Dingelstedt 62 den nachgesuchten Abschied. *Dingelstedt*

Podjurski wurde 1770, 50 Jahre alt, Chef unseres Regiments, mit dessen Ruhm er ebenso eng verwachsen war wie der Zeit nach. Er hat als weißer Husar den Schlachten von Hohenfriedberg, Soor, Reichenberg, Prag, Collin, Leuthen, Hochkirch, Kay, Kunersdorf, Torgau beigewohnt. Bei Plauen hieb er, an der Spitze des 2. Bataillons, in das Fußvolk der Reichsarmee und erbeutete Kanonen. Der König ehrte ihn und das Regiment, indem er ihn gleichzeitig zum General und Ritter des pour le mérite ernannte. *Podjurski.*

Kein Regiment dürfte eine größere Zahl von Offizieren, die sich als Soldaten namhaft gemacht haben, aufweisen können, als unsere weißen Husaren, nur allein aus dem einen Decennium, wo Natzmer sie befehligte. Sein Offiziercorps war auch feingebildet, wie kaum ein anderes seiner Zeit, sogar reich an geistreichen Männern. *Die weißen Husaren.*

Im 7jährigen Kriege haben sich unsere weißen Husaren unter Putkammer, der sich den Namen des Preußischen Trenck erworben, bewährt: unter wenig Auserwählten prangt gewiß zu Ehren des Regiments der Name dieses Chefs an dem Denkmal Friedrich des Einzigen, uns Epigonen mit diesem Ruhme zu reizen, nachdem der Leib aber auch nicht ohne ehrlichen Kampf bei Jena, Nordhausen und Zehdenick mit der alten Armee verfallen ist.